O TEMPO DAS PAIXÕES TRISTES

François Dubet

O TEMPO DAS PAIXÕES TRISTES

As **DESIGUALDADES** agora se
DIVERSIFICAM e se **INDIVIDUALIZAM**,
e explicam as cóleras, os ressentimentos
e as indignações de nossos dias.

1ª reimpressão

TRADUÇÃO Mauro Pinheiro

VESTÍGIO

Copyright © 2019 Editions du Seuil et La République des Idées

Título original: *Le temps des passions tristes*

Todos os direitos reservados pela Editora Vestígio. Nenhuma parte desta publicação poderá ser reproduzida, seja por meios mecânicos, eletrônicos, seja via cópia xerográfica, sem a autorização prévia da Editora.

EDITOR RESPONSÁVEL
Arnaud Vin

EDITOR ASSISTENTE
Eduardo Soares

PREPARAÇÃO
Eduardo Soares

REVISÃO
Bruni Emanuele Fernandes
Júlia Sousa

CAPA
Diogo Droschi (sobre imagem de Sondem/Shutterstock)

DIAGRAMAÇÃO
Guilherme Fagundes

Dados Internacionais de Catalogação na Publicação (CIP)
Câmara Brasileira do Livro, SP, Brasil

Dubet, François, 1946-
   O tempo das paixões tristes / François Dubet ; tradução Mauro Pinheiro. -- 1. ed. ; 1. reimp. -- São Paulo : Vestígio, 2024. -- (Espírito do tempo ; 4 / coordenação Arnaud Vin.)

   Título original: Le temps des passions tristes
   ISBN 978-65-8655-1-10-5

   1. Desigualdade social - França - 1990- 2. Populismo - França - 1990- 3. Fim das classes sociais 4. Precarização do trabalho 5. Multiplicação das desigualdades 6. Economia 7. Democracia. I. Título. II. Série.

20-41472   CDD-305.0944

Índices para catálogo sistemático:
1. Ciências Sociais : Sociologia : Desigualdade social : Grupos sociais : França 305.0944

Cibele Maria Dias - Bibliotecária - CRB-8/9427

A **VESTÍGIO** É UMA EDITORA DO **GRUPO AUTÊNTICA**

São Paulo
Av. Paulista, 2.073 . Conjunto Nacional
Horsa I . Sala 309 . Bela Vista
01311-940 . São Paulo . SP
Tel.: (55 11) 3034 4468

Belo Horizonte
Rua Carlos Turner, 420
Silveira . 31140-520
Belo Horizonte . MG
Tel.: (55 31) 3465 4500

www.editoravestigio.com.br
SAC: atendimentoleitor@grupoautentica.com.br

■ SUMÁRIO

Introdução: Novas desigualdades, novas cóleras   7

A percepção das desigualdades   8

Sofrer "na qualidade de"   11

A experiência das desigualdades   13

1. O fim da sociedade de classes   15

Das ordens às classes sociais   16

O sistema das classes   19

Combates pela igualdade   21

Dos explorados aos inúteis   25

A saída do sistema das classes   27

Classes populares, no plural   29

Distúrbios na representação   32

2. O sistema das desigualdades múltiplas   35

Heterogeneidade e interseccionalidade   36

A agregação das pequenas desigualdades   40

Micro e macromobilidade   45

3. Experiências e críticas das desigualdades 51

A individualização das experiências 52

Desiguais "na qualidade de" 56

Uma comparação ao nível mais próximo possível 61

A extensão do reino das discriminações 64

O desprezo e o respeito 68

Os reconhecimentos e as justiças 73

Os critérios de justiça 75

Ser justo num mundo injusto 78

4. Cóleras e indignações 83

O ressentimento na internet 84

A publicidade das emoções 86

O "estilo paranoico" 87

Os mecanismos do ressentimento 92

A economia moral do respeito 97

A nação, um assunto de iguais 99

Individualismo e desejo de autoridade 101

A rotinização da indignação 103

Os populismos: do povo ao chefe 107

Paixões iliberais 111

Melancolias de esquerda e de direita 114

Conclusão: As esquerdas democráticas
contra o populismo 119

Notas 125

Referências 133

■ INTRODUÇÃO
NOVAS DESIGUALDADES,
NOVAS CÓLERAS

O ESPÍRITO DO TEMPO pactua com as paixões tristes. Sob o pretexto de se desfazer do bom-mocismo e do politicamente correto, pode-se acusar, denunciar, odiar os poderosos e os fracos, os ricaços ou os paupérrimos, os desempregados, os estrangeiros, os refugiados, os intelectuais, os especialistas. De maneira um pouco mais atenuada, desconfia-se da democracia representativa, acusada de ser impotente, corrompida, distante do povo, submissa aos *lobbies* e mantida na coleira pela Europa e pelo sistema financeiro internacional.

Cóleras e acusações antes consideradas indignas têm agora direito de cidadania. Elas invadem a internet. Numa grande quantidade de países, encontraram uma expressão política com os nacionalismos e os populismos autoritários. E essa tendência está aumentando, na Grã-Bretanha como na Suécia, na Alemanha e na Grécia. A questão social, que oferecia um contexto para nossas representações da justiça, parece se dissolver nas categorias da identidade, do nacionalismo e do medo.

Este ensaio almeja entender o papel das desigualdades sociais no desdobramento dessas tristes paixões. Minha hipótese é a seguinte: mais do que a amplitude das desigualdades, é *a transformação do sistema de desigualdades* que explica as cóleras, os ressentimentos e as indignações de nossos dias. As desigualdades, que antes pareciam incrustradas na estrutura social, num sistema tido como injusto, mas relativamente estável e compreensível, agora se diversificam e se individualizam. Com o declínio das sociedades industriais, elas se multiplicam, mudam de natureza, transformando profundamente a experiência que temos delas.

A estrutura das desigualdades de classe se difrata numa quantidade de provações individuais e de sofrimentos íntimos que nos enchem de cólera e nos indignam, sem ter – por ora – outra expressão política senão o populismo.

A percepção das desigualdades

Para esclarecer essas mudanças, não faltam explicações. A maior parte delas mostra como as sociedades industriais, nacionais e democráticas foram sacudidas pelas transformações do capitalismo, pela globalização, pelo colapso da União Soviética, pela crise de 2008 e pelo terrorismo. Os governos são impotentes diante das crises e das ameaças. Os trabalhadores pouco qualificados são submetidos à concorrência dos países emergentes, que se tornaram as fábricas do mundo.

Para a maioria dos analistas, o neoliberalismo (aliás, de definição bastante vaga) surge como causa essencial dessas transformações e dessas preocupações. Não somente a onda neoliberal destruiria as instituições e os atores da sociedade industrial como também imporia um novo individualismo, fraturando as identidades coletivas e as solidariedades, esfacelando a civilidade e o controle de si. Resumindo, "é a crise" e "antes era melhor".

A atenção concedida à transformação das desigualdades não deve levar à subestimação de seu aumento ou, mais exatamente, do esgotamento da longa tendência de sua redução, que marcou as décadas do período pós-guerra. Em todos os lugares, a porcentagem mais rica da população enriqueceu e colheu a maior parte do crescimento. Enquanto, em 1970, o 1% mais rico recebia 8% dos rendimentos nos Estados Unidos, 7% na Grã-Bretanha e 9% na França, em 2017, essa parcela subiu para 22% nos Estados Unidos e para 13% na Grã-Bretanha (permanecendo estável na França em 9%).[1] As desigualdades se agravam em benefício dos altos rendimentos, os dos capitais e dos altíssimos salários.

Elas se acentuam ainda mais se considerarmos os patrimônios. Após um longo período de redução da parte do patrimônio em relação aos salários entre 1918 e 1980, os patrimônios se vingaram: por conta do fraco crescimento econômico, os juros sobre o capital e o preço das terras crescem atualmente mais rápido que os salários.[2] Os riquíssimos se tornaram tão ricos que fazem secessão,[*] enquanto a maioria da população tem a impressão de ver sua situação se degradar.

---

[*] A ideia presente aqui é a de que os "riquíssimos", uma vez que avaliam que o governo não protege seus direitos e interesses, veem-se no direito de abolir sua subserviência a esse governo. [N.E.]

Ainda que possamos considerar o desemprego como uma desigualdade intolerável, na França, as desigualdades de rendimentos crescem, sem, contudo, "explodirem". Segundo dados do INSEE* de 2004, o índice Gini (que mede a amplitude das desigualdades) passou de 0,34 em 1970 para 0,28 em 1999 e para 0,31 em 2011. No entanto, entre 2003 e 2007, os 10% mais pobres ganharam 2,3% da riqueza suplementar, ao passo que os 10% mais ricos ganharam 42,2%. Como em todo lugar, o crescimento dos altíssimos salários explica essa diferença[3] e, ainda mais, a das desigualdades de patrimônio, posto que os 10% mais ricos possuem 47% do patrimônio, e o cêntimo superior, 17%. De todo modo, a pobreza (definida em 60% do ganho médio) chegou a regredir. Entre 1970 e 2016, a população pobre passou de 17,3% a 13,6%.

Há cerca de trinta anos, aproximadamente 80% dos franceses acreditam que as desigualdades aumentam, mesmo nos períodos em que este não é o caso. Elas são percebidas como mais fortes porque saímos de um longo período em que parecia evidente que as desigualdades sociais se reduziriam continuamente, nem que fosse em decorrência da elevação do nível de vida. Seguramente, um bocado de desigualdades aumenta, enquanto algumas outras diminuem. Assim sendo, seria equivocado estabelecer uma

---

* O Institut National de la Statistique et des Études Économiques, conhecido pela sigla INSEE (em português, "Instituto Nacional da Estatística e Estudos Econômicos"), é o órgão oficial francês responsável pela coleta, análise e publicação de dados e informações sobre a economia e a sociedade do país. [N.T.]

correlação mecânica entre a amplitude das desigualdades e a maneira como os indivíduos as percebem, as justificam ou se indignam com elas.

Sofrer "na qualidade de"

Nós nos encontramos numa situação paradoxal: o agravamento mais ou menos intenso das desigualdades se conjuga com *o esgotamento de um certo sistema de desigualdades* formado nas sociedades industriais, o das classes sociais. Mesmo que as desigualdades sociais pareçam inscritas dentro da ordem estável das classes e de seus conflitos, as clivagens (formações de grupos sociais distintos e, com frequência, opostos) e as desigualdades hoje em dia não param de se multiplicar, e cada indivíduo é, de certo modo, afetado por várias entre elas. Dentro do vasto conjunto que engloba todos aqueles que não estão no topo nem embaixo na hierarquia social, as clivagens não se sobrepõem mais de modo tão nítido, tão definido como antigamente, quando a posição dentro do sistema de classes parecia agregar todas as desigualdades de uma vez.

Nesse caso, não se trata de uma ampla classe média – à qual dizem, contudo, pertencer a maioria dos indivíduos –, mas de um mundo fracionado segundo uma infinidade de critérios e dimensões. Constitui-se um universo social dentro do qual nós somos mais ou menos desiguais em função das diversas esferas às quais pertencemos. Somos desiguais "na qualidade de": assalariado mais ou menos bem pago, protegido ou precário, diplomado ou não, jovem ou idoso, mulher ou homem, vivendo numa cidade dinâmica ou numa região em dificuldades, num bairro chique ou num subúrbio popular, solteiro ou casado, de origem estrangeira ou não etc. Essa lista, infinita, não é realmente nova.

Por outro lado, a multiplicação dos critérios de desigualdade é relativamente pouco congruente ou "integrada" assim que nos afastamos dos grupos que acumulam todas as vantagens e todas as desvantagens. Há um bocado de gente entre as famílias Groseille e as famílias Le Quesnoy.[*] Por sinal, nosso vocabulário social tem cada vez mais dificuldades para nomear os conjuntos sociais pertinentes. Às classes sociais e aos estratos que predominam no vocabulário dos sociólogos acrescentam-se sem cessar noções que revelam novos critérios de desigualdade e novos grupos: as classes criativas e as estáticas, os incluídos e os excluídos, os estáveis e os precários, os ganhadores e os perdedores, os minoritários estigmatizados e os majoritários estigmatizantes etc.

Além disso, cada um desses conjuntos é ele mesmo atravessado por uma infinidade de critérios e clivagens, em função dos quais somos mais ou menos iguais (ou desiguais) aos outros. Essa representação e essa experiência das desigualdades se afastam progressivamente daquelas que dominavam a sociedade industrial, numa época em que a posição de classe parecia associada a um modo de vida, a um destino e a uma consciência.

---

[*] Alusão às famílias protagonistas do filme *La vie est un long fleuve tranquille*, de Étienne Chatillez, 1988. [N.T.]

A experiência das desigualdades

A multiplicação das desigualdades, somada ao fato de cada um se confrontar com desigualdades múltiplas, transforma profundamente a experiência das desigualdades. De início, as desigualdades são vividas como uma experiência singular, como um desafio individual, como um questionamento do próprio valor, uma manifestação de desprezo e uma humilhação. Progressivamente, desliza-se da desigualdade das posições sociais para a suspeita de desigualdade dos indivíduos, que se sentem ainda mais responsáveis pelas desigualdades que os afetam, pois eles se percebem como pessoas livres e iguais por direito, com o dever de o declararem.

Dessa forma, não surpreende que o respeito seja a exigência moral mais seriamente reivindicada hoje em dia – não o respeito e a honra devidos à posição, mas o respeito devido à igualdade. Como intuíra Tocqueville, mesmo quando as desigualdades são reduzidas, elas são cada vez mais vividas dolorosamente. A multiplicação e a individualização das desigualdades ampliam o espaço das comparações e acentuam a tendência de se avaliar com maior exatidão possível. Na verdade, nesse novo sistema, as "pequenas" desigualdades parecem bem mais pertinentes do que as "grandes".

As grandes desigualdades, como a que opõe a maior parte de nós ao 1% dos mais ricos, são menos significativas e nos colocam menos questões do que as desigualdades que nos distinguem daqueles com quem cruzamos todos os dias. Principalmente, as desigualdades multiplicadas e individualizadas não se inscrevem em nenhuma "grande narrativa" suscetível de lhe dar sentido, designar suas causas e seus responsáveis e de esboçar projetos para combatê-las. Desafios singulares e íntimos, é como se fossem dissociadas dos contextos sociais e políticos que as explicavam, propiciavam razões de lutar juntos, ofereciam consolos e perspectivas.

A distância entre essas provas individuais e os desafios coletivos abre espaço para o ressentimento, as frustrações, por vezes ao ódio pelos outros, a fim de evitar o desprezo de si mesmo. Ela gera indignações, mas, por enquanto, estas não se transformam em movimentos sociais, em programas políticos e tampouco em interpretações sensatas da vida social. A experiência das desigualdades alimenta os partidos e os movimentos que, na falta de termo melhor, qualificamos como "populistas". Estes se esforçam para superar a dispersão das desigualdades opondo o povo à elite, os naturais aos estrangeiros, e instauram uma economia moral na qual a rejeição dos outros e a indignação restituem ao cidadão infeliz seu valor e sua dignidade.

O FIM DA SOCIEDADE DE CLASSES

É INDISPENSÁVEL MENSURAR as desigualdades e denunciar aquelas que agridem nosso princípio de justiça e ameaçam a coesão social, o sentimento de viver na mesma sociedade. Via de regra, a crítica das desigualdades se concentra nas mais "obscenas", aquelas que opõem o 1% ou o 0,1% mais rico a todos os outros, ou ainda, aquelas que separam os mais pobres do resto da sociedade. Do ponto de vista da moral, das políticas econômicas e da sobrevivência do planeta, as grandes desigualdades e a concentração das riquezas são decisivas, na medida em que elas comandam as estratégias das imensas empresas e escapam dos Estados. Do ponto de vista sociológico e político, o conjunto das desigualdades e a natureza destas importam muito mais.

Com certeza, as enormes desigualdades não devem ofuscar as "pequenas", as que envolvem os indivíduos que se cruzam ou se evitam no fluxo banal da vida social, no trabalho, na escola, na rua e nos transportes coletivos.

Nós ficamos legitimamente escandalizados com as fortunas de Bernard Arnault ou de Bill Gates, mas é provável que essas desigualdades pareçam abstratas em virtude da própria grandeza e nos irritem menos do que aquelas que nos distinguem de nossos colegas com maiores salários pelo mesmo trabalho, dos moradores de bairros "chiques demais" ou dos trabalhadores protegidos por certos "privilégios" – todas essas "pequenas" desigualdades que vivenciamos diretamente e que irrigam nossas relações sociais.

Neste caso, a amplitude das desigualdades tem menos importância do que a natureza delas, a maneira como elas nos levam a nos definir e a definir os outros, a formação do sentimento de injustiça, as estratégias empregadas para combatê-las e, com frequência, defendê-las. Pois, se combatemos as enormes desigualdades, por outro lado defendemos de bom grado as "pequenas", sobretudo quando nos são favoráveis.

Das ordens às classes sociais

É preciso evocar o sistema das ordens e das castas porque subsistem vestígios delas no seio de nossa modernidade. Nesse sistema de desigualdades, as diversas posições sociais são atribuídas aos indivíduos ao nascerem, e de maneira definitiva. Nasce-se camponês ou nobre, como se nasce livre ou escravo. A não ser que o sujeito se torne padre ou compre um título nobiliárquico, a filiação determina um destino totalmente programado.

Nesse sistema, não somente as posições sociais são desiguais, como também os indivíduos que as ocupam são fundamentalmente desiguais. Eles não têm a mesma "natureza", o mesmo "sangue", a mesma dignidade nem o mesmo valor. Esse sistema de desigualdades é de natureza "holística", na medida em que a posição ocupada dentro das ordens e das castas comanda plenamente as condutas dos indivíduos: eles não escolhem seu trabalho, suas alianças matrimoniais nem sua maneira de se vestir e de crer.[1] A sociedade decide por eles.

Como as ordens e as castas separam indivíduos considerados ontologicamente desiguais, os conflitos sociais têm sempre uma dimensão religiosa, posto que questionam uma ordem desejada por Deus. Eles são uma desordem ou uma resposta a uma desordem. Para que a burguesia medieval rompesse a ordem das castas, foi preciso que a teologia lhe desse um lugar no Céu, que ela inventasse um purgatório e, depois, que a teologia protestante inventasse o ascetismo intramundano e a predestinação. A criação de uma sub-casta, como a dos indígenas da América Latina reduzidos à escravidão, foi uma questão tanto teológica quanto econômica: era preciso justificar a escravidão.

O sistema das castas e das ordens foi corroído pelo crescimento progressivo das burguesias urbanas, pela potência do Estado, pela ruína das pequenas nobrezas, pelo desmoronar das comunidades tradicionais. Finalmente, as revoluções das Luzes transformaram as sociedades do Antigo Sistema em sociedades compostas de indivíduos iguais. Entretanto, mais de dois séculos depois, as revoluções democráticas que destruíram os âmbitos jurídicos e religiosos do sistema das ordens ainda subsistem em pesadas heranças.

As leis de Jim Crow lembram que a América manteve um sistema de castas e de separação entre as raças muito tempo após a abolição da escravidão. Desse ponto de vista, pode-se considerar que o racismo biológico não é apenas uma invenção da Inquisição espanhola, obcecada em desmascarar os judeus por trás dos convertidos; trata-se de um produto da modernidade, pois somente a natureza pode substituir a ordem de desigualdade desejada por Deus. Não obstante a abolição do sistema das ordens, as mulheres também foram atribuídas à natureza e à reprodução, ao passo que os homens se dedicavam à produção e à razão: elas não tinham acesso a todos os direitos universais, particularmente à cidadania, nem aos estudos e às profissões reservadas aos homens. Quanto aos colonizados, eles foram enclausurados dentro do status de sub-casta, embora a colonização tenha sido empreendida em nome dos valores universais da liberdade e da igualdade.

Conforme demonstra Philippe d'Iribarne, a própria Revolução Francesa não aboliu totalmente as barreiras da posição e da honra; ela democratizou a "lógica da honra" mais do que a apagou.[2] O medo da impureza, das alianças erradas, da corrupção pelos subalternos não desapareceu das sociedades democráticas, que, no entanto, colocam a igualdade no ápice de seus valores.

Ainda em nossos dias, muitas das desigualdades que abordamos em termos de discriminações e estereótipos podem ser compreendidas como "sobrevivências" de uma sociedade de ordens e castas. Embora não tenha mais um contexto legal, a proibição de transpor barreiras subsiste mais do que se poderia imaginar. Em *Um coração simples*, de Flaubert, após ter criado e amado os filhos da família, Félicité é abandonada a seu destino de empregada inútil. Ela não fará jamais parte da família, não mais do que Louise em *Canção de ninar*, de Leïla Slimani, um século e meio mais tarde.

De um modo geral, não basta trabalhar junto para comer à mesma mesa na cantina, para beber junto, para se ver fora do escritório e da oficina. As barreiras invisíveis da origem social e cultural, da cor da pele, do sexo e dos diplomas funcionam como fronteiras, por vezes, intransponíveis.

O sistema das classes

Apesar de tudo, as revoluções democráticas e industriais inauguraram um novo sistema de desigualdades, o das classes sociais, nascido do encontro de duas grandes revoluções. A "providência democrática" instaura a igualdade e a liberdade para todos. A abolição das barreiras entre as ordens não proíbe mais aos indivíduos mudar de posição na escala das desigualdades, do prestígio e do poder. Mas, se a destruição do sistema das ordens conduz a uma sociedade composta de indivíduos livres e iguais, uma sociedade fundada sobre a vontade geral e sobre o contrato – e não sobre uma tradição e sobre o sagrado –, essa revolução é, antes de tudo, política. Ela não inaugura sozinha um novo sistema de desigualdades. Ainda restam ricos e pobres, investidores e operários, camponeses, artistas, comerciantes e burgueses, proprietários e proletários, mas ainda não é uma sociedade de classes.

Para isso, é preciso que, dentro do contexto democrático, se instale um novo tipo de economia, um novo modo de produção: o da revolução industrial. É em torno da formação da classe operária miserável e da emergência de uma classe de industriais capitalistas que se constrói o sistema das classes sociais. Nenhum indivíduo sendo mais essencialmente definido pelo seu nascimento e pelo seu status, é a posição dentro da divisão do trabalho que se torna central. Ela é ainda mais essencial visto que as desigualdades permanecem extremamente fortes, ao mesmo tempo que se desenvolvem dentro de um âmbito político e moral que reivindica a igualdade de todos.

Certamente, no apogeu do desenvolvimento industrial na Europa ocidental, a maioria da população não pertence à classe operária nem à dos capitalistas. Mesmo sublinhando a predominância inelutável do confronto entre proletários e capitalistas, Marx citava mais de uma dezena de classes em *A luta de classes na França*. Mais tarde, Max Weber distinguiria as classes, definidas pelo poder e pelo prestígio, mas, a seus olhos, o sistema de classes é aquele das sociedades industriais.

Esse sistema de desigualdades é moderno por mais de uma razão. Primeiramente, as posições sociais são nele definidas pelo trabalho, pela criatividade humana, e não pela tradição e pela ordem teológico-política. É moderno também porque, se as desigualdades de classes ferem o princípio democrático da igualdade entre os indivíduos, elas não o abolem. É em nome da igualdade democrática que as desigualdades de classes são contestadas. As classes sociais nascem, portanto, do encontro contraditório entre a igualdade democrática e a divisão do trabalho capitalista. Mais ainda, as classes são a expressão do conflito entre essas duas dimensões. É por essa razão que o sistema das classes não se limita às fábricas e às grandes concentrações industriais.

As classes sociais se tornam "fatos sociais absolutos", um "conceito absoluto", como dizia Raymond Aron. O sistema das classes é uma maneira de interpretar as desigualdades sociais, porque as classes agregam todo um conjunto delas. As posições dentro das relações de produção determinam os rendimentos, os modos de vida, as relações com a cultura, as representações da vida social e a oposição entre "nós" e "eles". Nesse sentido, não existe classe sem consciência de classe, sem articulação de uma identidade para si e de uma oposição à classe dominante.

O postulado de uma sobredeterminação das atitudes, das condutas e das representações pela posição de classe adquire uma consistência tal que, durante um longo período, os sociólogos procuraram estabelecer uma relação das posições sociais objetivas com as atitudes subjetivas, a fim de "verificar" a existência das classes sociais. Essa maneira de compreender as desigualdades foi, na França, incarnada por Pierre Bourdieu, o capital econômico determinando "em última instância" as outras formas de capitais.

Combates pela igualdade

O sistema das classes aparece ainda mais robusto devido ao fato de ele ter estruturado a representação política. Após a oposição dos conservadores, dos liberais, dos clérigos e dos modernos, dos monarquistas e dos republicanos, todos definidos pela sua relação com o Antigo Regime, a representação política foi construída em torno dos conflitos de classe, em torno da oposição entre os representantes dos trabalhadores e aqueles da burguesia. Em toda parte, estabeleceram-se esquerdas e direitas que deviam representar as classes, seus interesses e sua visão do mundo.[*] Em toda parte, parecia que os trabalhadores e seus aliados votavam na esquerda, e que os burgueses e seus aliados votavam na direita.

Na sociedade industrial, o sistema das classes sociais foi sustentado por movimentos sociais e por sindicatos orientados no sentido de um modelo de justiça social que buscava reduzir as desigualdades entre as posições sociais, graças aos direitos sociais, ao Estado de bem-estar social, aos serviços públicos e às transferências sociais. Esse modelo de justiça era menos propício ao desenvolvimento da mobilidade social em nome da igualdade das oportunidades do que à redução das desigualdades entre as posições sociais, entre os lugares ocupados pelos indivíduos dentro da divisão do trabalho.[3]

Se a mobilidade social se desenvolvia, era porque a igualdade social ganhava terreno; mas a mobilidade não era o objetivo principal da justiça. O combate pela igualdade social era legítimo porque os indivíduos eram considerados fundamentalmente iguais, mas também porque a

---

[*] Os Estados Unidos escapam dessa tendência em função de uma industrialização tardia, e ainda mais porque, numa sociedade de imigração, a tensão entre os grupos já instalados e os recém-chegados desloca a clivagem das classes para aquela das comunidades.

sociedade devia retribuir aos trabalhadores uma parte das riquezas produzidas, que lhes haviam sido roubadas pela exploração capitalista.

Os direitos sociais foram, de início, os dos trabalhadores e de suas famílias, protegidos contra os efeitos da doença e do desemprego, obtendo direito à saúde, ao descanso e à aposentadoria, em nome de seu trabalho. Na sociedade salarial, os direitos dos trabalhadores se tornaram progressivamente direitos sociais universais.[4] Sob a ação dos partidos e sindicatos, sob os efeitos das greves e mobilizações, as desigualdades foram razoavelmente reduzidas, em particular quando o crescimento permitiu a transferência de riquezas para os trabalhadores e os mais pobres sem que a situação dos ricos se degradasse. Em suma, no século XX, as desigualdades sociais foram reduzidas porque eram, antes de tudo, desigualdades de classe.

Muito além da tradição marxista, a leitura das desigualdades sociais em termos de classe acabou se impondo. Quais são as dimensões de classe do Estado, da educação, da cultura, do lazer, do consumo? Não se trata unicamente de estabelecer uma correlação entre as posições de classe, das práticas e das representações coletivas, mas de mostrar como essas práticas (e as instituições) contribuíram para a formação e a reprodução de uma ordem que excedeu amplamente os limites das fábricas e dos conselhos administrativos.

Quando esse tipo de análise predominava na França, nos anos 1960 e 1970, as classes sociais funcionavam como um *explicadum* e um *explicans*, ao mesmo tempo aquilo que se deve explicar e aquilo que explica o que é preciso explicar: as classes explicam as condutas e as consciências de classe que, por sua vez, explicam as classes. A influência dessa representação era tão poderosa, que as outras desigualdades passavam para o segundo plano e acabavam mesmo desaparecendo em prol da única desigualdade que contava, a desigualdade de classe. Os imigrantes apareciam menos como desarraigados discriminados do que como trabalhadores superexplorados; as desigualdades impostas às mulheres eram aquelas das trabalhadoras e das esposas de trabalhadores, e parecia evidente que a igualdade delas passaria apenas pelo trabalho.

Em certa medida, as classes sociais podiam ser consideradas como instituições sobre as quais se implantavam representações da sociedade, das identidades e dos significados comuns. Elas deram orgulho aos indivíduos vítimas das desigualdades, atribuíram causas às injustiças sofridas, escreveram narrativas coletivas, ofereceram utopias e memórias de combates. No sistema de classes, os desafios individuais eram inscritos dentro dos desafios coletivos, num certo sentido, anônimos.

A fim de que essas "instituições imaginárias" funcionassem, elas se tornaram "realidades", através da ação das associações, dos sindicatos e dos representantes eleitos locais, das periferias carentes, dos movimentos de educação popular, dos movimentos esportivos etc. Na Europa industrial, as desigualdades de classe eram cristalizadas dentro de mundos sociais dominados e explorados, mas mundos que ofereciam aos indivíduos uma dignidade e capacidades de resistência.

Dos explorados aos inúteis

A questão não é saber se existem classes sociais. Elas sempre existiram, especialmente as classes dirigentes que possuem uma forte consciência de si mesmas, de seus interesses e de sua identificação com as "leis" da economia liberal. A questão que se coloca para nós é a de saber se *o sistema das classes ainda estrutura as desigualdades sociais* e se ele engloba as representações e as identidades dos atores.

A situação atual é ainda mais paradoxal porque é caracterizada, ao mesmo tempo, pelo aprofundamento das desigualdades e pelo declínio do sistema das classes. Em vários aspectos, essa conjuntura histórica não deixa de lembrar aquela da primeira metade do século XIX, quando novas desigualdades surgiam ao mesmo tempo que a sociedade do Antigo Regime definhava. A questão social era a da pobreza e das classes perigosas, mas não ainda a da "classe" operária.

O esgotamento do sistema das classes é uma das consequências das mutações do capitalismo mundial. As sociedades industriais capitalistas tinham se formado no seio das sociedades nacionais (mais exatamente, no cerne das sociedades nacionalizadas, protegidas pelas fronteiras e pelos direitos alfandegários, dirigidas por Estados soberanos que impunham culturas nacionais), mas a globalização mudou o jogo. As classes operárias europeias e norte-americanas são agora submetidas à concorrência de trabalhadores dos países emergentes, com menores salários, porém com as mesmas qualificações, ao passo que as antigas burguesias industriais se tornaram potências financeiras. À ideia de um processo de globalização homogênea, pode se preferir a noção de "capitalismo deslocado", caracterizado pela separação e pela tensão entre as diferentes esferas da atividade econômica, os mercados financeiros, a governança das empresas, os locais de produção e o consumo.

Mesmo que a classe operária nunca tenha tido a unidade que lhe atribuem, o trabalho operário se transformou muito com a produção em fluxo intenso, as relações diretas com os clientes, as tecnologias inteligentes e a multiplicação dos status, quando setores inteiros, como o de construção e de obras públicas, são ainda dominados pela mobilização da força física. A produção industrial abandona gradualmente o taylorismo (gestão científica) em prol do *lean management* (gestão otimizada), mas os empregos do setor de serviços são, por sua vez, cada vez mais afeitos ao modelo do taylorismo. Em média, os empregados hoje em dia são menos remunerados do que os operários.

A relação social industrial mudou de natureza nas grandes empresas. Enquanto antigamente o proprietário era também o patrão, presente em sua fábrica e em seu castelo, como os mestres das forjas, hoje o patrão não é mais necessariamente o proprietário. Quando as empresas fecham, não é raro que os executivos sejam sequestrados, a fim de que o proprietário, frequentemente um grupo financeiro, se revele e se manifeste. As "formas particulares de emprego" (um eufemismo para os "contratos de duração determinada", na França, e os contratos sazonais) passaram de 3,4% em 1983 para 10,5% em 1998 e para 12% em 2012. Com a *uberização* das atividades, surgem os trabalhadores autônomos, dependendo de um só cliente ou da plataforma que lhes remete os clientes, e de clientes instados a avaliar a qualidade do serviço prestado.

Os empreendedores independentes são mais pobres e mais frágeis do que os operários. Como situar esses "independentes dependentes" dentro de uma estrutura de classes?

Sem dúvida, diversos sistemas produtivos se sobrepõem. Uns participam diretamente da globalização das trocas e do desenvolvimento das tecnologias de ponta, ao passo que os outros ainda estão situados dentro de mercados nacionais e nichos locais. Uma parte dos trabalhadores, importante na França, trabalha nos serviços públicos, nos quais, mesmo sendo protegidos, eles se submetem como os outros às novas formas de gestão. Os funcionários de saúde nos hospitais públicos são controlados, como operários, mas eles não enriquecem ninguém.

Enfim, uma parte crescente da população enfrenta o desemprego, a precariedade dos "bicos" e do trabalho informal, quando não se encontra totalmente excluída.[5] Hoje em dia, os mais pobres são "desclassificados" ou *underclass* (sub-classificados). São menos explorados do que abandonados, considerados "inúteis".

A saída do sistema das classes

Embora pensemos que as classes ainda existem, o sistema das classes desmorona. A mesma classe social se dispersa numa série de mercados econômicos e de trabalho. A velha dualidade dos OS (operários especializados) e OP (operários profissionais)* é substituída por uma fragmentação de

---

* Na França, os operários especializados executam um trabalho específico após um breve período de formação; os operários profissionais

qualificações e de status: aquilo que determinava a unidade da classe operária parece cada vez mais incerto.

Enquanto, outrora, os sociólogos procuravam as desigualdades "por trás" das classes sociais, alguns entre eles procuram agora as classes sociais, princípios de unidade, "por trás" das desigualdades. Antes, falávamos de classes sociais, estrutura, exploração e estratificação funcional; agora, falamos de *desigualdades* – no plural. Os trabalhos sobre as desigualdades na França explodiram em todo o país.[6] Eles se multiplicaram porque as antigas classes sociais não podem mais ser definidas pela agregação mais ou menos estável das desigualdades. É possível ser um operário e ter estudado até mais de 20 anos de idade, ser o companheiro de uma empregada, viver e consumir como as classes médias, ou então, vir de um país pobre, arrumar um emprego extenuante e precário, morar numa casa do subúrbio ou viver num bairro considerado como um "gueto".

Essa dispersão das condições de vida é acentuada pelo que Olivier Galland designa como a "desestandartização dos percursos". O percurso típico – estudo, trabalho, casamento, trabalho, aposentadoria – é amplamente abalado pelo longo período de acesso a um emprego estável, pelas idas e vindas entre o emprego, o desemprego e os estudos, o matrimônio tardio, as separações, os novos casamentos e as famílias recompostas, aposentadorias e velhices longas.

---

possuem curso profissionalizante mais extenso e passam por um exame após o aprendizado. A noção jurídica de O.S. foi extinta em 1975, mas continua sendo uma referência na prática. [N.T.]

Ora, todos esses percursos biográficos são fatores de desigualdade consideráveis; basta ver a quantidade de famílias monoparentais entre os mais pobres.

A desintegração do sistema de classes abre o espaço das desigualdades para a multiplicação dos grupos, dos quais nenhum pode realmente ser definido como uma classe social. À dualidade dos proletários e capitalistas, à tripartição das classes superiores, médias e inferiores, vêm acrescentar-se novos grupos: os executivos e os criativos,[7] os cosmopolitas com grande mobilidade e os nativos estáticos, os incluídos e os excluídos, os estáveis e os precários, os urbanos e os rurais, as classes populares e os *underclass* etc. A essas clivagens, mais frequentemente definidas pela relação com a mudança do que por uma posição hierárquica, convém acrescentar a distinção cada vez mais predominante entre os nacionais e os imigrantes, os majoritários e os minoritários, as idades e as gerações, as mulheres e os homens.

Ora, todas essas distinções afetam diretamente o sistema das classes sociais. Por exemplo, os trabalhadores imigrantes que têm vocação para se tornar trabalhadores "como os outros" são progressivamente percebidos como minorias. Quanto mais as sociedades tiverem minorias (em todo caso, quanto mais elas as enxergarem), mais as solidariedades são restritivas aos semelhantes, e mais fortes seriam as desigualdades sociais.[8]

Classes populares, no plural

O tema da sociedade de consumo parece ter saído de moda. No entanto, se o consumo em massa, enquanto tal, não reduziu as desigualdades, ele afetou profundamente as barreiras entre as classes. Para empregar as palavras de Edmond Gablot, os "níveis" sucederam as "barreiras". Enquanto alguns se achavam privados de bens que outros possuíam – carros, eletrodomésticos, aparelhos de televisão, férias –, a partir dos anos 1960, todos ou quase todos tiveram acesso a eles.

Isso não produz uma vasta classe média, disforme e homogênea, porque uma tênue hierarquia dos níveis de consumo substitui as antigas barreiras de classe. Distinguem-se menos as famílias com carro e as famílias sem carro do que os tipos de carro, seu preço e seu prestígio. Distinguem-se menos aqueles que saem de férias e aqueles que não saem do que aqueles que vão acampar e aqueles que vão esquiar ou que têm uma casa à beira-mar.

Se essa gradação enfraquece as barreiras de classe e favorece a homogeneidade dos modos de vida, ela também exacerba os processos de distinção, quando a posição social é incessantemente exposta através do consumo. As classes superiores buscam continuamente os sinais de sua distinção, enquanto as classes inferiores tentam se apoderar deles. A partir daí, como todos os publicitários o sabem, o que era "distinto" ontem se torna "vulgar" hoje, à medida que as categorias inferiores passam a possuí-lo.

Com esses processos, as desigualdades mudam de natureza: elas opõem menos os "nós" e os "eles" e passam a se dividir mais ao longo de uma escala fina e sutil do prestígio associado ao consumo. Escala esta que atravessa as próprias classes sociais, já que cada um deve se distinguir de seu vizinho assim como dos membros de uma outra classe. As classes populares, no plural, substituem a classe operária, no singular.[9]

Pode-se observar o mesmo mecanismo nos campos, *a priori*, distantes do consumo. Enquanto o mundo juvenil dos anos 1950 e 1960 era fortemente dividido entre uma juventude que começava a trabalhar ao final dos estudos obrigatórios e uma juventude que prosseguia seus estudos no ensino médio e na universidade, a massificação escolar deslocou as desigualdades para o próprio núcleo da escola. Hoje, quase 80% dos jovens são escolarizados aos 20 anos, mas as desigualdades contrapõem os estabelecimentos, as disciplinas, as formações escolhidas, as línguas estudadas, cada um desses elementos desfrutando de um prestígio bem estabelecido. Como ocorre no consumo, a massificação pode exacerbar o sentimento de desigualdade, pois não nos comparamos àqueles que estão mais longe de nós, mas àqueles que estão relativamente perto.

Para retomar as palavras de Edgar Morin, o consumo de massa desencadeia uma "fratura cultural". Lá onde existiam moléculas sociais integradas – as classes –, ele revelou uma infinidade de átomos cada vez menores. Dito de outra maneira, o consumo multiplicou os públicos, sem que esses públicos recuperassem posições de classe: os jovens, os menos jovens, os urbanos, os rurais, os torcedores de futebol, os amantes da música etc. Principalmente, no âmago desses públicos, se multiplicam as tribos e subtribos em função de seu lazer, seus gostos e seus estilos naturais. Basta observar um grupo de alunos do ensino médio para avaliar a tirania das marcas e das aparências, o peso do conformismo e o crescimento das tribos juvenis.[10] Da mesma forma, quando as telas, as redes sociais e os canais de televisão se multiplicam, os públicos proliferam e, em grande medida, se individualizam, cada um compondo seu próprio programa segundo a afinidade com seus próximos.

Assim, a teoria da distinção é ela mesma prejudicada. Ainda que Bourdieu tenha postulado que a escala de gostos culturais era isomórfica em relação às hierarquias sociais, a sociologia atual do consumo evidencia lógicas "onívoras". Os indivíduos compõem seus próprios gostos tomando emprestado diversos registros da cultura: pode-se amar, ao mesmo tempo, a ópera, o rap, o futebol e os *reality shows*.[11] Chega a ser sofisticado! Procura-se, então, se distinguir de uma categoria social inferior, ao mesmo tempo afirmando uma singularidade em relação à escala estabelecida das distinções.

Distúrbios na representação

As classes existem e existirão enquanto houver movimentos de classe, dos partidos de classe e de eleitorados de classe. Nesse ponto, jamais as condutas individuais e as ações coletivas foram tão claras quanto postulado pela teoria.

Mas, mesmo quando se acredita que os sindicatos são a expressão do interesse de classe, é preciso constatar que sua base hoje em dia é extremamente estreita, com frequência concentrada no setor público, e que eles ainda têm importância porque a lei ainda lhes concede um papel relevante. Os sindicatos falam e agem em nome dos trabalhadores que, geralmente, não são sindicalizados, ou que o são no interior de empresas públicas e de administrações que lhes outorgam um grande papel na gestão das carreiras, na organização do trabalho, na gestão do conselho da empresa. Pode-se lamentar essa fraqueza, mas estamos muito longe de uma representação de classe, à exceção das situações dramáticas de fechamento de fábricas e dos planos de demissões em massa em que os sindicatos se tornam a voz de assalariados desesperados.

Há cinquenta anos, as questões colocadas pelos novos movimentos sociais ocupam o espaço das lutas e dos debates públicos: as lutas das mulheres, as reivindicações estudantis, as rebeliões dos jovens das periferias, os combates ecologistas, os movimentos antirracistas, as defesas dos direitos culturais e até mesmo os protestos de grupos identitários ou tradicionalistas. Todas essas mobilizações animam o debate público, impõem questões políticas importantes, suscitam a adesão de grandes setores da opinião pública e um bocado de repúdio.

Mas, mesmo com a retórica da "extensão" da luta de classes, é difícil ver aí movimentos de classe. A distância permanece grande entre os movimentos feministas e a condição das operárias e empregadas, no entanto, todas são dominadas a um só tempo como mulheres e como assalariadas pouco qualificadas. Familiarizados com um discurso de classe, os movimentos estudantis em nada questionam o modo de seleção* escolar das futuras classes dirigentes, e parecem bem afastados dos estagiários e dos alunos dos estabelecimentos de ensino tecnológico e profissional. Os ecologistas se

---

* Para ingressar em uma das *grandes écoles*, as prestigiadas faculdades privadas do sistema educacional francês, os estudantes devem frequentar, pelo tempo mínimo de dois anos, classes preparatórias com alto custo financeiro e uma das maiores cargas horárias da Europa. [N.E.]

mostram frequentemente hostis às implantações industriais às quais estão conectados os operários, mas defendem os ursos aos quais os pecuaristas são hostis. Resumindo, a convergência das lutas não acontecerá tão cedo.

De maneira ainda mais nítida, torna-se difícil interpretar o voto como a expressão de uma consciência de classe. Não apenas as classes populares votam menos, como também elas já não votam majoritariamente nos partidos que reivindicam seu pertencimento a elas. No que tange ao voto, à idade, o gênero, o diploma e o endereço pesam mais do que a classe. É verdade que os operários e os empregados têm poucas oportunidades de sentir-se representados: eles eram 20% dos deputados em 1946, 2,6% em 2012 e 4,6% em 2017, enquanto compõem 50% da população. Mesmo nas mídias, apesar de mais populares, somente 15% dos personagens representados podem ser identificados às classes populares.[12] E, ainda assim, com frequência, são ridicularizados.

Enquanto o campo das desigualdades se estende, o sistema das classes se retrai, e a palavra "classe" se torna um indicador político, nada mais. Basta que todas as desigualdades sejam atribuídas a uma causa única, à globalização capitalista, aos grupos financeiros ou ao neoliberalismo, para que tudo se torne um caso de classes e de luta de classes. Mas, neste caso, ao se expandirem sem limites, as classes sociais acabam não estando em lugar algum.

2

O SISTEMA DAS DESIGUALDADES MÚLTIPLAS

DE UM LADO, os grupos afetados pelas desigualdades se multiplicaram. Eles são definidos por atividade profissional, evidentemente, mas também pelo status do emprego, da idade, da geração, do gênero, das sexualidades, das origens, das adesões religiosas, dos territórios e ainda das deficiências físicas. Do outro lado, os critérios e os bens a partir dos quais se percebem as desigualdades se multiplicam mais ainda. É possível avaliar as desigualdades de rendimento, patrimônio, consumo, saúde, acesso à educação, práticas culturais e de lazer, tempo dedicado à família, mobilidade geográfica, social ou profissional, sem esquecer o risco de ser discriminado, o teto de vidro,[*] as desigualdades em termos de segurança, meio ambiente ou felicidade. E tudo

---

[*] A expressão "teto de vidro" aqui diz respeito às práticas discriminatórias que impedem que as mulheres ascendam às posições hierárquicas mais altas dentro das organizações, tanto privadas quanto públicas. [N.E.]

isso sem contar as desigualdades mundiais, que distinguem as próprias sociedades.

O pesquisador cuja ambição é estudar todas as desigualdades deveria, teoricamente, construir uma tabela cruzando ao menos uma dezena de grupos de referência com uma quinzena de critérios de desigualdade: ele encontraria 150 desigualdades! Ao lado das grandes desigualdades, cada um pode focalizar uma pequena desigualdade ou uma subfamília de desigualdades. Basta *cruzar um atributo estatuário e um critério de diferença* para revelar uma nova desigualdade.

Heterogeneidade e interseccionalidade

Mas é necessário um maior aprofundamento: no interior de cada desigualdade, as coisas são ainda mais complexas. As cidades mais desiguais são as cidades mais ricas: em Neully-sur-Seine, por exemplo, há pobres cuja disparidade com os ricos é de 7,8, contra cerca de 4, em média, na França. Esses pobres não estão nem um pouco confrontados com a delinquência, eles desfrutam de uma boa rede de transporte e bons estabelecimentos de ensino, mas é provável que sofram também com o fato de serem pobres numa ilhota de riqueza.

Jamais se deve esquecer que, atrás das médias, se escondem distribuições mais tênues, que são também desigualdades. Quando se diz que os alunos dos bairros populares são mais fracos do que aqueles dos bairros mais favorecidos, isso não significa que todos os alunos são fracos, já que alguns são tão bons ou melhores, na média, do que os alunos dos bairros mais privilegiados. É, aliás, por esta razão que os professores custam às vezes a acreditar nos sociólogos, posto que cada sala de aula é, ao mesmo tempo, uma média e uma dispersão, contando com alunos bons e menos bons.

À complexidade desse quadro geral, é preciso então acrescentar outras escalas de medida e outras probabilidades, no senso estatístico do termo. Lançando mão de noções de "desfiliação" e "desqualificação", nós raciocinamos em termos de percurso e de riscos, apreendendo as desigualdades mais tênues do que as desigualdades de classe e de posição.

Enquanto o sistema das classes baseava-se no postulado de uma sobreposição das clivagens (aquela sempre observada na base e no ápice da pirâmide social), o sistema das desigualdades múltiplas acentua a heterogeneidade das situações.[1] Em todo caso, ele acentua a consciência dessa heterogeneidade. Ele reforça aquilo que a sociologia funcionalista designava como uma "incongruência estatutária": o fato de o mesmo indivíduo (ou o mesmo grupo) se situar mais ou menos no alto e mais ou menos abaixo segundo o critério de desigualdade escolhido, sem que esses critérios se correspondam.[2]

As posições dentro das diversas escalas de desigualdades – rendas, diplomas, modos de vida – não se correspondem mais de modo tão explícito como podíamos imaginar dentro dos sistemas das classes. A noção de interseccionalidade diz o mesmo. Conforme o país, pode-se ser mulher, executiva, negra, lésbica; pode-se ser estrangeiro e pobre, mas reconhecido como artista; pode-se ser um patrão relativamente rico, mas desprovido de prestígio e de segurança; pode-se ser um camponês privado de acesso aos serviços públicos, mas se beneficiando de um ambiente pacato e ecologicamente seguro. Esse tipo de situação não é o único fardo dos "transclasses", dos boêmios e de quaisquer indivíduos de percurso excepcional.

Perduram, por sinal, enormes desigualdades na expectativa de vida. A diferença é de 11 anos entre uma mulher executiva e um homem operário, de 3 anos entre uma mulher executiva e uma mulher operária, e de 6 anos entre um homem executivo e um homem operário. Olhando para isso com mais atenção, constata-se que cada grupo social, *a priori*, homogêneo é, na realidade, atravessado por múltiplas desigualdades. As mulheres são menos bem pagas que os homens, "desde que as circunstâncias não variem"; elas se dedicam mais às tarefas domésticas e se submetem três vezes mais a empregos de meio período que os homens. Mas elas compõem também 58% dos estudantes, vivem em média 6 anos a mais que os homens, são menos numerosas nos presídios e morrem menos nas estradas. As desigualdades que as mulheres sofrem são, a um só tempo, incontestáveis e debilmente homogêneas.

Em média, os aposentados são mais ricos do que os ativos, mas isso não impede que existam aposentados pobres, aqueles que não têm patrimônio e cuja aposentadoria é baixa. Os jovens são mais pobres e mais precarizados do que os adultos: 22% estão desempregados e 51% são precarizados (contra 9% e 10% daqueles com entre 25 e 49 anos), porém, eles são também mais jovens, com melhor saúde, têm mais lazeres e se beneficiam com frequência das transferências financeiras familiares. Nem todos, é claro. Deduz-se que cada conjunto de condições sociais pode ser complexificado ao infinito. Mesmo os grupos que parecem ser os mais homogêneos não possuem realmente unidade.

Uma das consequências desse *sistema das desigualdades múltiplas* é a orientação das políticas sociais. Sem abandonar o sistema geral de proteção instaurado pelo sistema das classes, o Estado desenvolve um sem-número de políticas e dispositivos específicos, visando desigualdades particulares e problemas sociais singulares. As políticas escolares vão bem longe nesse sentido, focalizando os bairros pobres, os alunos imigrantes, os desistentes e os portadores de deficiências físicas. Miram igualmente as crianças pobres, como se seus pais não estivessem presentes. As políticas municipais identificam os bairros em função da renda dos habitantes, de suas origens, da taxa de desemprego, da segurança ou dos equipamentos públicos. Os auxílios da União Europeia selecionam os territórios em função de suas características geográficas. Ao combate geral contra as "grandes" desigualdades de classe se sobrepõe uma série de operações contra as desigualdades singulares.

Se acrescentarmos os dispositivos de luta contra a discriminação, pode se ter a impressão de que as políticas públicas acompanham a multiplicação das desigualdades, correndo o risco de fazer desaparecer a própria igualdade do horizonte político. As desigualdades se dividem numa série de problemas particulares assumidos pelos atores especializados, correndo aí também o risco de acentuar uma concorrência entre as desigualdades. Os sucessores se multiplicam no ritmo da multiplicação das desigualdades, cada vez mais singulares. Como não notar que os outros se beneficiam de dispositivos aos quais não tenho acesso porque sou jovem demais, velho demais, porque não moro no bairro certo – porque não estou entre aqueles que são visados?

A agregação das pequenas desigualdades

A sociologia do sistema das classes combinava uma teoria das classes com uma teoria dos estratos, "camadas" no interior das classes. Com o sistema de desigualdades múltiplas, os quadros da descrição social empobrecem e enriquecem.

Eles empobrecem utilizando categorias vagas e flutuantes ao sabor de suas finalidades. Fala-se então das classes "superiores", "médias" e "inferiores", sem que se saiba onde elas começam e onde terminam. Pesquisas melhor direcionadas abandonaram a classe operária em prol das "classes populares", que designam tudo aquilo que não se refere às classes "superiores". Fala-se também das classes "favorecidas" e das classes "desfavorecidas". Neste caso, as classes desfavorecidas, ou o "povo", são tudo aquilo que subsiste uma vez que são subtraídos os mais ricos, as elites e os profissionais qualificados.

Ao mesmo tempo, a pesquisa sobre as desigualdades enriqueceu consideravelmente e se tornou mais exata através do estudo de grupos singulares e das desigualdades específicas: as mulheres que são chefes de famílias monoparentais e as mulheres qualificadas se chocando contra o "teto de vidro", que limita sua ascensão; os habitantes das grandes aglomerações e os moradores das áreas residenciais; os jovens descendentes de imigrantes e os jovens imigrantes; os ricos dos bairros elegantes e os burgueses-boêmios. A lista se estende ainda mais, se considerarmos as desigualdades de acesso à saúde, à educação, à cultura, à influência etc.

Muitos pesquisadores sentem, então, a tentação de se especializar numa desigualdade. Como nenhuma teoria geral parece estar em condição de sintetizar todas essas desigualdades num mesmo quadro, cada objeto se constitui em um campo científico em torno do modelo dos *studies:* a genealogia e a desconstrução do objeto, pondo em evidência processos sociais em curso e, por vezes, a tentação de interpretar toda a vida social a partir desse ponto de vista. Em todos os casos, não se trata de uma teoria geral que se ocupa de um objeto particular; trata-se do estudo de um objeto particular que se expande até tentar se tornar uma teoria geral.

O sistema das classes se acomodava com estatísticas relativamente simples. Ele servia mesmo para reconfortar, de tal forma o raciocinavam em torno das médias e das dispersões, em torno da força das correspondências e dos coeficientes de correlação, em torno de dados robustos, mas pouco numerosos, menos ricos do que aqueles de que dispomos, agora que pouca coisa escapa à estatística. Os dados se tornaram mais precisos. Seguimos as tropas, fazemos análises de múltiplos níveis. Ainda estamos em condição de comparar os dados nacionais com os de outros países, graças ao desenvolvimento do *benchmarking* (aferimento do desempenho) internacional.

Basta tomar o exemplo das estatísticas escolares. Enquanto, antes, relacionávamos simplesmente as origens sociais dos alunos e seu nível de diplomação, hoje somos capazes de medir os efeitos de cada um dos fatores que participam na produção desse nível, graças às análises de regressão e aos *odds ratios* (razões de possibilidades). Onde aferíamos somente os efeitos do gênero e da origem social sobre o nível escolar dos alunos – portanto, essencialmente um efeito de classe –, nós podemos agora pesar cada um dos fatores que intervêm na produção desse nível: o efeito "professor", o efeito "estabelecimento escolar", o efeito "composição familiar", o efeito "composição das classes", o efeito "aspirações dos pais" etc. Cada um desses fatores e cada um desses efeitos desempenhando um papel, a origem social não conta mais do que 20% ou 30% na determinação do percurso escolar de um aluno.

As técnicas estatísticas participam de uma mudança de visão das desigualdades. Elas dispõem de uma precisão capaz de especificar cada desigualdade e, eventualmente, fazer dela um problema público que exige uma abordagem política. De modo ainda mais claro, a precisão das ferramentas estatísticas transforma a representação da gênese das desigualdades. Mais uma vez, tomemos o exemplo da escola. Quando se observa a origem social dos alunos das *grandes écoles*,[*] as coisas se esclarecem: com pouquíssimas

---

[*] Assim são denominadas as faculdades particulares no sistema educacional francês. [N.T.]

exceções, eles são todos procedentes de famílias privilegiadas. Se não formos adiante, pode-se facilmente pensar que se trata de um efeito direto de uma estrutura de classe, como na época em que as crianças do povo e aquelas da burguesia não frequentavam as mesmas escolas: escola comunal para os primeiros e liceu para os segundos.

Mas, com a massificação escolar e o colégio único, o processo de formação das desigualdades é antes um efeito de agregação de pequenas desigualdades do que um efeito de estrutura. Imaginemos que a desigualdade inicial seja relativamente moderada: 80% das crianças socialmente favorecidas têm sucesso nas provas seletivas, contra 50% das crianças desfavorecidas. Bastam cinco etapas – *troisième, seconde générale, filière du Bac et mention, classe préparatoire, concours*[*] – para que, em dois grupos de 100 alunos, cerca de 30 que acederão a esses estabelecimentos sejam oriundos do grupo favorecido, contra 3 oriundos do grupo desfavorecido; através dessa multiplicação, a pequena desigualdade inicial se tornou uma enorme desigualdade.

O efeito das desigualdades sociais sobre as desigualdades escolares não desapareceu, mas o modo de produção das desigualdades se transformou com a massificação: a triagem não se faz mais a montante da escola, mas ao longo dos próprios estudos, com um efeito desmultiplicador das pequenas desigualdades, que apaga as desigualdades de

---

[*] Períodos equivalentes, no Brasil, aos três últimos anos do ensino médio, aos cursos preparatórios e a concursos de acesso a carreiras profissionais, respectivamente. [N.T.]

classe, diluindo-as dentro do próprio percurso. Ao se abrir, a escola mudou o modo de produção das desigualdades. Assim, compreende-se melhor as decepções geradas pela democratização escolar, já que a redução das desigualdades iniciais de acesso aos estudos foi "neutralizada" pelo prolongamento dos estudos e pela multiplicação das provas de seleção.

Esse mecanismo de agregação das desigualdades alcança vários outros campos, como o da saúde, da carreira das mulheres e dos homens, das discriminações, do consumo cultural, do capital social etc. Em cada caso, a agregação das pequenas desigualdades definidas no nível dos indivíduos produz grandes desigualdades finais. Por exemplo, não existem mais, de um lado, os indivíduos que têm acesso à assistência médica e, do outro, aqueles que estão excluídos dela, mas sim indivíduos que vivem mais ou menos bem, se alimentam mais ou menos bem, têm empregos mais ou menos exaustivos e acesso à assistência médica de melhor ou pior qualidade. No final das contas, tudo isso se mede em anos de expectativa de vida.

Da mesma maneira, o fato de se ter herdado um bem, mesmo que modesto, cria desigualdades crescentes ao termo de um percurso de vida entre famílias com o mesmo salário: não há aluguel a pagar, toma-se menos dinheiro emprestado para comprar uma residência, são feitos investimentos financeiros mais lucrativos do que os salários.[3] Ao final do percurso, as pequenas desigualdades de herança podem se tornar grandes desigualdades de patrimônio. Não somente as desigualdades se multiplicam, mas também, resultando, com frequência, da agregação de pequenas desigualdades, elas acentuam a singularidade do percurso – e os sentimentos de injustiça.

As ciências sociais nos ensinam que as desigualdades múltiplas resultam de processos complexos cuja causa inicial pode ser difícil de designar, a não ser lhe atribuindo um poder tão grande que ela se tornaria o princípio gerador de toda a vida social. Esse progresso de conhecimento poderia gerar um problema político: se a dominação social se dilui dentro dos mecanismos impessoais, contra o que e contra quem se deve combater em nome da igualdade?

Micro e macromobilidade

A tese da multiplicação das desigualdades não é nova. Desde os anos 1960, ela tem sido associada a uma visão otimista, a da formação de uma vasta classe média ligada à democracia, às opiniões políticas moderadas, à valorização do mérito e ao Estado de bem-estar social. A atenuação das barreiras deveria favorecer a mobilidade social, já que seria mais fácil se deslocar dentro da escala social. De um modo geral, o sistema das desigualdades múltiplas corresponderia ao modelo de uma sociedade aberta e mais fluida, livre da reprodução das desigualdades que caracterizava o sistema de classes. Combinando a valorização do mérito, a proteção dos menos favorecidos e o consenso sobreposto, a teoria de John Rawls sobre a justiça corresponde ao apogeu dessa vasta classe média.

Foi possível acreditar nesse cenário durante os anos de crescimento, mas, há trinta anos, este não é mais o caso, e as próprias classes médias parecem ameaçadas.[4] De uma parte, o enfraquecimento do crescimento freou a mobilidade estrutural, a evolução de cada categoria social para cima, ao passo que os recém-chegados, bem particularmente os imigrantes, ocupavam os últimos lugares. De outra parte, o agravamento das desigualdades freou a mobilidade social líquida, as chances de um indivíduo escapar de sua posição social original e do destino coletivo de sua classe. Mas essa constatação permanece demasiadamente simples: é importante distinguir a micromobilidade – os pequenos deslocamentos dentro da estrutura social – e a macromobilidade – as grandes mudanças de posição entre as gerações.

Quando a mobilidade social é medida com uma escala fina, cruzando, por exemplo, as 18 categorias socioprofissionais (CSP) do INSEE, surge a imagem de uma grande instabilidade.[5] De uma geração para outra, todo mundo se move – um pouco. O índice máximo de reprodução é de 24% para os executivos e de 20% para os operários, e a maior parte dos indivíduos não ocupa exatamente a mesma posição profissional que seus pais. No entanto, embora sejam muito numerosos a se deslocar, eles não se afastam nem um pouco das posições de seus pais. Na verdade, 40% dessa mobilidade são de origem estrutural: depende dos empregos oferecidos, mais do que dos percursos dos indivíduos que se extraem de sua condição para "cair" ou "ascender".

A macromobilidade, a mobilidade de grande amplitude dos percursos individuais para baixo ou para cima, é nitidamente mais fraca. Com efeito, se reduzirmos o número de CSP de 18 para 6, reagrupando as CSP próximas, a imagem da reprodução das desigualdades se impõe. Assim, 47% dos executivos importantes são filhos de executivos importantes, e 47% dos operários são filhos de operários. Além disso, aqueles que mudam de categoria não se afastam muito de sua posição de origem. Ainda que relativamente pouco igualitária, a França segue sendo o país da reprodução social.[6] A correlação entre os rendimentos dos pais e dos filhos que se tornaram adultos é de 0,41 na França, 0,32 na Alemanha e 0,27 na Suécia. Os franceses podem se consolar observando que essa correlação é de 0,50 na Grã-Bretanha, e que as sociedades liberais não têm todas as virtudes que elas se concedem em termos de mobilidade social e igualdade de oportunidades. Obtemos resultados idênticos ao compararmos o impacto do meio social de origem sobre os desempenhos escolares. Na França, a origem social dos alunos explica 22% de seus desempenhos; na Alemanha, esse impacto é de 17%, e na Suécia, de 12%.[7]

Resumindo, no sistema de desigualdades múltiplas tal qual encontramos em nossa sociedade, os indivíduos que mudam de posição social de uma geração para outra são muitos, mas eles se deslocam muito pouco. As mudanças de posição de grande amplitude entre as gerações são bem mais raras. Isso não impede que sejam criadas reações ambivalentes. Pode-se imaginar que a importância da micromobilidade provoca um sentimento de instabilidade, uma incerteza difusa e um medo de desclassificação. No outro extremo, a fraquíssima macromobilidade dá a impressão de que a sociedade está bloqueada, e que as desigualdades se reproduzem inexoravelmente. O encontro de uma instabilidade e de uma forte reprodução pode explicar o temor da desclassificação: nada é garantido, mas nada parece realmente aberto. O sistema das desigualdades múltiplas pode então ser identificado como móvel, no nível microscópico dos indivíduos, e rígido, quando se trata das grandes desigualdades.

A essas diferenças de escala se acrescentam processos paradoxais, como o da mobilidade dentro de uma esfera e do imobilismo dentro de outra. Por exemplo, em função da massificação de diplomas de ensino superior, o nível escolar para contratação aumentou bastante de uma geração para outra. Para atingir o mesmo nível social de seus pais, os jovens devem proceder a investimentos escolares mais seletivos e mais longos do que aqueles de seus pais. Mas essa mobilidade ascendente dentro do sistema escolar não é acompanhada por uma mobilidade profissional; os jovens ascenderam na ordem escolar e não se deslocaram na ordem dos empregos. Eles podem, assim, igualar o nível escolar de seus pais e decair na ordem de qualificações profissionais.[8] Da mesma forma que os critérios de desigualdade, os percursos de mobilidade parecem cada vez menos homogêneos.

As desigualdades podem ser caracterizadas pela sua amplitude, pela sua natureza e pelo seu sistema. Além de seu próprio crescimento, a passagem progressiva dos sistemas das desigualdades de classe ao sistema das desigualdades múltiplas permite entender melhor a experiência das desigualdades. Múltiplas sem serem homogêneas, as desigualdades se individualizam, se movem das classes para os indivíduos, levando-os a questionar pessoalmente o afastamento das categorias coletivas que lhes davam um sentido de compartilhamento. Essas desigualdades vividas como desafios pessoais são ainda mais cruéis.

Essa evolução não é pós-moderna e tampouco, obviamente, pós-capitalista; ela prolonga e acentua as características da modernidade. Ela promove ainda mais o indivíduo, sua autonomia e sua singularidade, como representação de si. Ela acompanha a "providência democrática" defendendo a prioridade da igualdade. Ela exacerba a performance ou o mérito como princípios de atribuição estatutária. Neste sentido, o sistema das desigualdades múltiplas não é uma crise ou um momento difícil a ser enfrentado, mas uma característica estrutural de nossas sociedades.

3

EXPERIÊNCIAS E CRÍTICAS DAS DESIGUALDADES

O SISTEMA DAS DESIGUALDADES múltiplas individualiza a experiência das desigualdades sociais. Confrontados com vários registros de desigualdades, nem sempre convergentes entre si, os indivíduos se definem como sendo iguais ou desiguais "na qualidade de", em função de critérios de comparação ligados à sua situação, sua identidade, seu percurso, ao ambiente no qual vivem. Quanto mais a experiência das desigualdades é vivenciada, mais perto de si o conjunto das comparações se realiza. Neste caso, os julgamentos relativos às situações pessoais e às grandes desigualdades não correspondem nem um pouco. As desigualdades que atingem cada indivíduo e aquelas que caracterizam a sociedade não são vistas nem ressentidas da mesma maneira.

A mudança de sistema de desigualdades está associada a uma mutação dos modelos de justiça. Enquanto as desigualdades de classe conduziam a avaliar a injustiça social em termos de diferença entre as posições sociais, entre os mais ricos e os mais pobres, ou entre patrões e trabalhadores, as desigualdades múltiplas são mais claramente associadas à norma da igualdade de oportunidades meritocráticas. A partir daí, as discriminações se tornam uma das figuras essenciais da injustiça, e cada um pode se sentir mais ou menos "discriminado". O ideal da igualdade de oportunidades afeta também o valor das pessoas que reivindicam um reconhecimento singular, ao mesmo tempo se sentindo mais ou menos responsáveis por seu destino. Em que medida somos responsáveis pelas desigualdades que nos atingem? A economia moral das injustiças se desloca, então, no sentido dos indivíduos e de sua responsabilidade.

Finalmente, o sistema das desigualdades múltiplas está associado à poliarquia dos princípios de justiça, ou seja, os critérios de definição das injustiças. Com as desigualdades múltiplas, esses critérios aparecem como sendo contraditórios entre si e acabam compondo uma alquimia pessoal cada vez mais desconectada dos grandes quadros sociais que estabilizam as desigualdades de classe e lhes dão um sentido de compartilhamento.

A individualização das experiências

Primeiramente, convém lembrar que a percepção das desigualdades sociais varia profundamente conforme a sociedade, não apenas entre as tradicionais e as sociedades democráticas modernas, mas também entre sociedades relativamente próximas em termos de riquezas, de desigualdades e de condições políticas. O cruzamento das desigualdades de renda e dos julgamentos feitos sobre essas desigualdades dentro de um conjunto de países relativamente comparáveis resulta no quadro seguinte:

- ■ Desigualdades percebidas como demasiadamente grandes e desigualdades de renda[1]

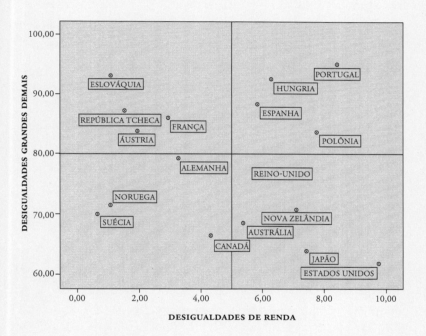

Se a percepção das desigualdades fosse um simples efeito da amplitude das desigualdades de renda, os diversos países deveriam se posicionar ao longo de uma linha diagonal indo da Suécia até Portugal. Ora, esse quadro indica que a denúncia das desigualdades percebidas é independente das desigualdades de renda medidas. Embora os

Estados Unidos sejam o país com maior desigualdade entre os demais na comparação, os norte-americanos estimam que as desigualdades de renda são menos insuportáveis do que pensam os suecos e os noruegueses, cujas sociedades são muito mais igualitárias. Os franceses consideram que as desigualdades são intoleráveis, ainda que a França seja relativamente pouco desigual nessa amostra. Essas variações se devem, sem dúvida, às culturas políticas e sociais de cada um desses países. Os antigos países comunistas e os países de tradição social-democrata toleram menos as desigualdades que os países de tradição mais liberal.

Entretanto, poderiam intervir outros fatores. Por exemplo, as sociedades nas quais se pensa, em geral, que o mérito dos indivíduos é recompensado aceitam melhor as desigualdades que os países que não acreditam nisso.[2] As coisas são, porém, menos simples, pois a fé no mérito é mais uma crença do que um fato. Na verdade, os países cujos cidadãos pensam que o mérito é recompensado não são sempre aqueles nos quais a mobilidade social é mais forte. De qualquer forma, a percepção das desigualdades e dos modelos de justiça que lhe dão sentido não reflete a amplitude das desigualdades. A experiência das desigualdades não é, portanto, produto unicamente de sua dimensão. Em conformidade com as análises de Esping-Andersen, cada sociedade elabora uma filosofia de justiça social que funciona como uma grade geral de interpretação das desigualdades e das injustiças.

Quando se passa das sociedades para os indivíduos, a distância entre as desigualdades objetivas e sua percepção é, da mesma forma, nítida. Na França, ainda que 80% dos indivíduos considerem que as desigualdades são grandes demais, eles subestimam, ao mesmo tempo, a dimensão das desigualdades mensuradas.[3] Em primeiro lugar, as desigualdades de renda são claramente mais visíveis do que as desigualdades de patrimônio, embora mais consideráveis. Essa distorção tem suas consequências: se a maioria dos franceses estima que é preciso reduzir as desigualdades, 87% entre eles são favoráveis à diminuição dos direitos de sucessão, o que aumenta sensivelmente as desigualdades.[4] A percepção das desigualdades é também caracterizada por um efeito de atenuação: os pobres veem os ricos menos ricos do que eles são, e os ricos veem os pobres menos pobres do que eles são, ao passo que 60% dos franceses se consideram dentro da classe média.

Esses julgamentos são amplamente consensuais e, portanto, relativamente independentes da posição social dos indivíduos. Existe, igualmente, uma certa distância entre os julgamentos relativos à situação pessoal e aqueles relacionados à sociedade. A situação pessoal parece bem melhor do que aquela da sociedade em seu conjunto. Por exemplo, os jovens mais críticos das desigualdades sociais são geralmente mais favorecidos do que os jovens que são vítimas pessoais das desigualdades, os quais são, no entanto, menos críticos. Felicidade e infelicidade públicas e privadas não estão, portanto, em sintonia.

As mulheres e os homens não são sensíveis às mesmas desigualdades: as mulheres percebem mais as desigualdades de saúde e educação, as que denotam o *care* (cuidado), ao passo que os homens são mais sensíveis às desigualdades econômicas. Mas todas essas variações são relativamente fracas.

As diferenças mais decisivas se devem mais às orientações políticas dos indivíduos do que a suas posições sociais. Os eleitores de esquerda denunciam mais voluntariamente as desigualdades do que os de direita, mas os eleitores de extrema-direita criticam ainda mais as desigualdades. Os eleitores de esquerda denunciam os ricos, enquanto os eleitores de direita denunciam sobretudo os pobres e aqueles que "abusam" do Estado de bem-estar social.

No nível dos indivíduos como no nível das sociedades, a percepção das desigualdades é mais determinada pelos conjuntos de valores morais e de representações do que pelas condições objetivas definidas em termos de desigualdades de classe. É preciso, então, se interessar pelas experiências sociais, pelas maneiras como elas se elaboram e "funcionam", já que não são o produto imediato das posições sociais identificadas pelas pesquisas quantitativas.

Desiguais "na qualidade de"

No sistema de desigualdades múltiplas, os indivíduos se definem como mais ou menos iguais ou desiguais "na qualidade de". Quando as classes sociais não agregam mais as desigualdades dentro das condições de vida comuns e relativamente homogêneas, os indivíduos multiplicam os critérios de julgamento e decompõem sua situação em várias dimensões, em função das quais eles se percebem como mais ou menos desfavorecidos.

As pesquisas sobre a satisfação no trabalho demonstram isso em abundância.[5] Exceto por uma parte (não negligenciável) dos empregos mal remunerados, sofríveis e desvalorizados, é raríssimo que os indivíduos produzam julgamentos homogêneos sobre seus trabalhos. Meu trabalho não é muito bem remunerado, mas é interessante, e os horários são compatíveis com minha vida pessoal. É interessante, mas estressante e cansativo, sem contar que ele afeta minha vida pessoal. Não é interessante, mas bem remunerado quando me comparo a outros, principalmente àqueles que estão desempregados. Meu trabalho é apaixonante, mas é instável e precário. Ao contrário, é rotineiro, mas reconfortante e protegido.

Todos esses julgamentos dependem do trabalho, com certeza, mas também das condições de vida, dos deslocamentos, da atividade do cônjuge, dos diplomas, do ambiente na empresa, dos sistemas mais ou menos "indulgentes" que permitem adaptações.[*] Geralmente, os indivíduos efetuam a soma dessas avaliações e concordam quanto a uma média "honesta", uma concessão que nunca se sabe se é uma forma de sabedoria ou uma adaptação coerciva, ou mesmo uma rendição. De qualquer maneira, raramente uma pessoa se encontra no ponto mais alto ou mais baixo dos critérios de avaliação das desigualdades no trabalho.

Quando nos afastamos do trabalho, outros critérios de avaliação intervêm. Por exemplo, numa pesquisa realizada no sudeste da França, um bocado de trabalhadores considerava que era uma vantagem importante viver perto de

---

[*] Como exemplo, numa fábrica que produz motores de automóveis, perto de Bordeaux, quando a empresa era sólida e os sindicatos bem organizados, tolerava-se um certo absentismo durante a abertura do período de caça, de colheitas de cogumelos e de uvas.

seus amigos, de sua família, da natureza, dos lazeres, e que tudo isso compensava parcialmente os baixos salários e a ausência de promoção.[6] As mulheres consideravam seus trabalhos aceitáveis porque eram compatíveis com suas obrigações familiares, ao passo que outras viviam essas coerções domésticas como desigualdades e injustiças. Por outro lado, aquelas que estavam bastante envolvidas em suas vidas profissionais sentiam uma grande desigualdade enquanto mulheres, quando se tratava de promoções e responsabilidades. Esse sentimento de injustiça é ainda mais vivo posto que a igualdade crescente das mulheres não aboliu as barreiras de gênero entre as "profissões masculinas" e as "profissões femininas". Convém lembrar que apenas 20% das atividades profissionais podem ser consideradas mistas, ou seja, exercidas por uma taxa entre 40% e 60% de homens ou de mulheres.[7]

Da mesma maneira, se os membros das minorias visíveis conhecem todos os riscos de serem discriminados, de se chocar contra o racismo e as portas fechadas, nem todos o veem da mesma forma e não ocupam os mesmos empregos "na qualidade de" minorias. Excetuando-se a experiência "total" dos jovens dos bairros desfavorecidos, constituídos como enclaves étnicos e sociais, a origem acrescenta um registro de avaliação das desigualdades que se conjuga com outros critérios: o diploma, o local de residência, o percurso, o emprego etc. Assim, se alguém é desigual na qualidade de imigrante ou de uma pessoa proveniente da imigração, não o é "totalmente desigual" em todos os sentidos e para sempre. As identidades se confundem no momento em que o indivíduo parece estar mais consciente de sua importância e mais do que nunca dependente delas, talvez porque essas identidades nunca se mostraram tão instáveis assim.

O gênero, as rendas, as qualificações, os diplomas, os status dos empregos, os locais de residência, as faixas etárias e as gerações desempenham, juntos, um papel dentro das desigualdades "na qualidade de". As pessoas com idade entre 50 e 59 anos estão muito mais preocupadas em relação ao desemprego que os jovens. Ora, essa faixa etária é menos afetada pelo desemprego que a dos jovens, mas as pessoas sabem que terão mais dificuldades para encontrar um novo emprego. Neste ponto, a desigualdade incide mais sobre os riscos corridos do que sobre as condições sociais. Por sinal, a comparação entre gerações é mais contrastada do que se imagina. Se a geração do *baby-boom* desfrutou do pleno emprego e do crescimento, por outro lado, sua juventude foi mais pobre do que a juventude de hoje: o consumo dos franceses nascidos em 1946 foi 40% superior ao dos franceses nascidos em 1926, mas foi 40% inferior ao dos franceses nascidos em 1976.[8]

Assim, tudo depende dos critérios de comparação escolhidos. Os mais velhos têm razão ao pensar que viveram em condições menos favoráveis do que os jovens, que, por sua vez, têm razão ao pensar que eles correm mais riscos do que os mais velhos. E, assim mesmo, nem todos, pois os indivíduos que raciocinam "na qualidade de" membros de uma geração ignoram as consideráveis diferenças entre os ricos, os menos ricos e os pobres.

"Na qualidade de" solteiro, casado, divorciado, só ou em casal, as desigualdades não são as mesmas. A solidão acentua consideravelmente as desigualdades. Definindo a pobreza em 60% da renda média, os pobres incluem sem-teto isolados e famílias com duas crianças cujas rendas mensais não excedem os 2.500 euros.[9] Quando as histórias de vida são menos "programadas" que outrora, os acidentes, as doenças e os revezes do destino acabam por desempenhar um papel importante, ainda que este seja relativamente ofuscado pelas regularidades estatísticas. Os pontos de vista singulares também se destacam sempre das medidas objetivas das desigualdades. Por exemplo, se a homogeneidade social dos casais foi mantida entre os membros da elite, onde estes se casam sempre entre si, a endogamia, por outro lado, se reduziu em outras áreas: os casais são um pouco menos homogêneos do ponto de vista das origens sociais, dos diplomas e da atividade.[10]

A partir daí, o "na qualidade de" avalia igualmente a situação do casal e a estabilidade afetiva. Um operário metalúrgico casado com uma funcionária da CAF* diz viver como as classes médias, mas, em caso de separação, os ex-cônjuges se encontrarão abaixo da linha de pobreza: serão necessários dois carros, dois apartamentos, duas férias anuais etc. De modo geral, o custo de vida é mais elevado para os pobres, pois eles têm menos escolhas, vivem principalmente do crédito, crédito este que custa caro.

Sem dúvida, quando é adotado o ponto de vista do indivíduo, as desigualdades "na qualidade de" se multiplicam e singularizam os autoposicionamentos, as experiências e

---

* Na França, a Caisse d'Allocations Familiales é um órgão responsável pela distribuição de subsídios às famílias socialmente desfavorecidas. [N.T.]

as definições de si mesmo, além das grandes categorias de desigualdades. É sempre possível raciocinar a partir desses vastos conjuntos que são as classes médias e as classes populares, sob a condição de saber que se trata de conjuntos vagos, dentro dos quais cada um recompõe sua própria definição de si e das desigualdades.

Uma comparação ao nível mais próximo possível

Iguais e desiguais "na qualidade de", os indivíduos tendem a se comparar com a maior proximidade possível deles mesmos. Ao lado das comparações com os hiper-ricos e os mais pobres, se desenvolvem as comparações com os mais próximos. Como Tocqueville havia antecipado, observando a democracia americana, a abolição das barreiras de classe aumenta a frustração relativa dentro dos universos sociais dominados pelas comparações precisas e frequentemente obsessivas, visto que é preciso avaliar uma posição que não é mais adquirida de forma definitiva.

Dentro dos bairros populares, *a priori*, mais homogêneos, adiciona-se à comparação entre "nós", os moradores do bairro, e "eles", que não são dali; surgem as comparações internas e igualmente pertinentes entre os prédios e o aspecto das escadas, entre grupos oriundos de imigrações diversas, entre os assalariados e os "socialmente vulneráveis", situados no ponto mais baixo da hierarquia das reputações.[11] Essas comparações internas e as margens de demarcação que elas suscitam explicam, sem dúvida, por que os bairros têm tanta dificuldade de se mobilizar e se fazer ouvir coletivamente.

É verdade que essas comparações criam também o mecanismo central do consumo de massa, dentro do qual as pequenas diferenças são subjetivamente exacerbadas. Basta observar os alunos do ensino médio para se dar conta disso. Em princípio, todos se vestem da mesma maneira. Entretanto, quando os interrogamos sobre essa homogeneidade e esse conformismo, eles ficam, em geral, surpresos e colocam em evidência diferenças e desigualdades sutis, mas decisivas a seus olhos. Elas dizem respeito às marcas das roupas e dos calçados, de telefones celulares e mochilas, que acabam criando distinções determinantes entre os "burgueses" e uma dúzia de outros grupos. Quando se acrescentam a essas distinções de estilo as desigualdades entre os bons cursos e os não tão bons, entre as disciplinas e os estabelecimentos de ensino, sem se esquecer das desigualdades de desempenho entre os alunos, as "pequenas desigualdades" internas do mundo escolar são vividas como sendo bem mais decisivas do que as maiores desigualdades sociais.

O conjunto de comparações com maior proximidade possível é amplamente acentuado pela desintegração das coletividades, a começar pelas coletividades de trabalho. Dentro da mesma empresa, seja ela pública ou privada, o mesmo trabalho pode ser realizado por assalariados que têm status diferentes. Estes podem ser CDI (contratos de duração indeterminada), CDD (contratos de duração determinada), temporários e interinos; os trabalhadores podem ser, como os entregadores de pizza, autônomos que dispõem de uma única empresa como cliente. Todos têm salários, sistemas de aposentadoria e de proteção social diferentes. Com o tempo, todos se comparam e podem se sentir "privilegiados" ou "maltratados", embora realizem o mesmo trabalho.

Dentro de universos profissionais mais homogêneos, o conjunto das comparações e das frustrações relativas não se extingue. Não é raro que os médicos se comparem menos às outras profissões do que entre eles mesmos, por conta de sua especialidade, do local onde atendem, das obrigações dos plantões etc. A consciência de uma desigualdade coletiva é ainda mais frágil no curso da vida cotidiana, devido ao fato de as desigualdades se relacionarem aos bens exclusivos, ou seja, aos bens cujo valor depende do valor dos bens dos outros: o valor do meu diploma e o do meu salário dependem do valor de outros diplomas e de outros salários. O que pode resultar numa conduta mais sensível à manutenção das diferenças que à sua redução, já que cada qual tem interesse em defender sua posição relativa.

A frustração individual relativa é, sem dúvida, uma experiência banal, mas ela não se transforma facilmente em experiências e ações coletivas. De fato, para que as frustrações se agreguem, é necessário que sentimentos comunitários baseados em interesses comuns e de identidades compartilhadas superem a atomização dessas frustrações.[12] É o que antes se chamava de "consciência de classe", que era muito mais do que a soma das frustrações pessoais. É igualmente importante que as desigualdades sofridas sejam percebidas como sendo injustas aos olhos de todos, a fim de atingir um alcance geral e engendrar uma participação nos movimentos sociais, inscrevendo desigualdades singulares dentro de um âmbito coletivo. Ora, as desigualdades "na qualidade de" e as comparações com o mais próximo de si se encaixam mal em modelos de justiça homogêneos. A individualização das desigualdades pode multiplicar as lutas, mas certamente é incapaz de induzir a convergência das mesmas.

A extensão do reino das discriminações

A individualização das desigualdades está associada ao reino da igualdade de oportunidades, que progressivamente se torna o modelo fundamental da justiça social. Quando se considera que todos devem ter as mesmas chances para alcançar todas as posições sociais em função de seu mérito, a percepção singular das desigualdades "na qualidade de" tende a se tornar mais aguda. Enquanto o modelo da redução das desigualdades entre as posições sociais se dirigia às classes sociais, a igualdade das oportunidades se dirige a indivíduos que podem se sentir mais ou menos discriminados, tratados de maneira iníqua em função de suas oportunidades, de seus percursos e do que eles são, em vez de considerar seu lugar na divisão do trabalho.

Paradoxalmente, o sentimento de discriminação é ainda mais intenso quando os indivíduos percebem a si mesmos como sendo fundamentalmente iguais, como tendo *o direito de ser igual*. A discriminação é definida pela diferença entre o tratamento que é reservado ao indivíduo e aquele que ele poderia pretender em nome de sua igualdade. Só se pode ser discriminado com base em uma igualdade de princípio, e, deste ponto de vista, a ascendência do tema das discriminações é uma das consequências dos progressos da igualdade. Muitas desigualdades que eram percebidas como propriamente sociais são agora vividas como discriminações, por natureza, injustas.

Numa pesquisa sobre a experiência das discriminações, nós observamos que os indivíduos que se consideram eles mesmos imigrantes, quer dizer, estrangeiros, portanto não perfeitamente iguais aos franceses, se sentem menos discriminados que seus filhos, franceses, nascidos e escolarizados na França, ao passo que estes últimos eram objetivamente menos discriminados do que foram seus pais.[13] Da mesma forma, ainda que a parcela de mulheres entre os executivos tenha passado de 20% para 40% entre 1982 e 2012, não se pode dizer que o sentimento de discriminação experimentado pelas mulheres tenha diminuído. Pelo contrário! As pessoas se sentem ainda mais discriminadas (ou discrimináveis) quando se definem como iguais a todos.

De um ponto de vista estatístico, as discriminações são desigualdades que subsistem "desde que as circunstâncias não variem", uma vez que as desigualdades sociais são neutralizadas. Ainda que as desigualdades salariais entre homens e mulheres sejam da ordem de 19%, após a supressão dos efeitos das qualificações, das posições hierárquicas e dos empregos de meio período, a parcela "não explicada" dessas desigualdades salariais permanece em cerca de 10%.[14] As desigualdades de posição explicam a metade das desigualdades; e as discriminações, a outra metade.

É também o que demonstram as pesquisas de *testing*, que consistem em enviar dossiês semelhantes aos empregadores fazendo variar somente o gênero e o nome. Elas demostram que, com qualificação idêntica, persistem desigualdades discriminatórias: um sobrenome árabe diminui quatro vezes a chance de conseguir uma entrevista de emprego. Neste caso, as desigualdades sociais são menos responsáveis que as desigualdades de tratamento na base de uma igualdade social: mesmos diplomas para o acesso ao emprego, mesmos rendimentos para o acesso à habitação. Tampouco surpreende observar que o sentimento de discriminação cresce com o nível de qualificação: quanto mais sou igual em relação a outros critérios, mais as desigualdades restantes são discriminatórias.[15]

Parece evidente a necessidade de distinguir as desigualdades sociais – relativas às posições e aos recursos dos indivíduos – e as discriminações – relativas a um tratamento injusto em função de uma identidade real ou suposta. Entretanto, essa distinção parece cada vez menos consistente, e muitas das desigualdades sociais são agora consideradas como discriminações que afetam os indivíduos. O que era visto como uma desigualdade social no sistema de classes é visto como uma discriminação dentro do sistema das desigualdades múltiplas.

Quando a HALDE[*] foi criada, em 2004, ela dispunha de apenas cinco critérios de discriminação: as origens (a "raça"), o gênero, a orientação sexual, as deficiências, as opiniões políticas ou religiosas. Atualmente, o Défenseur des Droits (Defensor de Direitos), que a substituiu, dispõe de não menos que vinte critérios, entre os quais vários dizem respeito ao que se chamava de desigualdades sociais: a idade,

---

[*] Haute Autorité de Lutte contre les Discriminations et pour l'Égalité: órgão francês destinado a proteger os direitos dos cidadãos vítimas de discriminações. Foi extinto em 2011. [N.T.]

o estado de saúde, a origem social, o local de residência etc. Em resumo, todos os atributos a partir dos quais uma pessoa pode ser considerada desigual.

Evidentemente, isso não é contestável, pois as desigualdades são injustas. Mas o deslocamento das desigualdades de posição social para as *características singulares dos indivíduos* mostra que as desigualdades sociais são progressivamente definidas e vividas como discriminações que pedem uma sanção jurídica e dispositivos específicos, bem mais do que uma política global de redução das desigualdades sociais. Nesse terreno, o direito acompanha os costumes: se as desigualdades sociais são pensadas como desafios coletivos, as discriminações são desafios singulares vividos por pessoas singulares e associando diversos atributos suscetíveis de serem critérios de discriminação.

Na pesquisa sobre a experiência das discriminações evocada acima, os indivíduos interessados se perguntam "por que eu?": por que isso acontece comigo? E ainda mais, pois as discriminações põem em questão menos as desigualdades sociais coletivas, posições estruturais, do que olhares, atitudes, palavras, aversões, interações cotidianas que são elas mesmas singulares. Onde víamos relações sociais e desigualdades de posição, agora percebemos uma cadeia de interações. Interações sem fim: como o dizem as pessoas que entrevistamos, os discriminados também podem discriminar.

A igualdade de oportunidades não é somente um modelo de justiça incontestável em seu princípio; ela é também uma visão da vida social. Ela visa menos à redução das desigualdades sociais do que a produção de "desigualdades justas", já que seriam soluções para uma competição meritocrática perfeitamente equitativa. Por sinal, os teóricos mais radicais desse modelo de justiça, como Thomas Paine, exigem a abolição da herança, a fim de estabelecer uma igualdade de oportunidades inicial. Nesse contexto, as discriminações são a figura central da injustiça, porque elas atribuem aos indivíduos identidades estigmatizadas "desde o início". E isso é ainda mais intolerável porque o sujeito dessa concepção da justiça é um indivíduo livre, igual e responsável, capaz de reivindicar seu mérito e seu valor.

No centro dessa concepção da justiça, os atores são então confrontados com um duplo desafio. De um lado, a fim de obter uma desigualdade justa, são considerados responsáveis pelo seu mérito, seus sucessos, assim como pelos seus fracassos. Do outro, contra as discriminações que lhes atribuem uma identidade supostamente degradante, eles devem exigir o reconhecimento de sua igualdade e de sua singularidade, apesar das diferenças que lhes são impostas. Em todos os casos, essas desigualdades são vividas como feridas pessoais, pois as discriminações criam estereótipos. Tem-se a impressão de jamais ser considerado por aquilo que se é "realmente". Tornamo-nos um judeu, um árabe, uma mulher ou um homossexual, ao passo que antes éramos Daniel, Ahmed, Marie ou Julien.

O desprezo e o respeito

Vergonha, humilhação, cólera, resignação: se não é possível descrever todas as variedades de sentimentos provocados pelas desigualdades, pelo menos é possível evocar as emoções que caracterizam a individualização das desigualdades. A primeira entre elas é a onipresença do sentimento de desprezo, a impressão de ser invisível ou de não ser visto como se é.[16]

As "pequenas" desigualdades se revelam nas palavras, nos gestos, nos olhares; elas põem em questão a dignidade e o valor das pessoas. É o desprezo dos "grandes", do presidente da República e dos homens políticos, o das mídias, dos intelectuais, da esquerda caviar, de todos aqueles que desprezam as pessoas comuns e as aprisionam em clichês degradantes.

Mas o desprezo funciona como uma corrente, na qual cada um pode, alternativamente, ser desprezado e desprezar. É o desprezo das administrações públicas, pelas quais os usuários têm a impressão de serem julgados, ao passo que os agentes de atendimento se sentem desprezados pelos usuários e pela sua hierarquia. Os policiais desprezam os jovens (o que é verdade, se acreditarmos nas estatísticas dos controles de identidade), mas eles próprios se sentem desprezados pelos jovens e pela opinião pública. Os professores desprezam certos alunos, mas se sentem desprezados pelos seus superiores e pelos pais.

Mais que a exploração e as desigualdades sociais propriamente ditas, o desprezo é uma espécie de medida geral do sentimento de injustiça. Nesse terreno, as desigualdades culturais, as desigualdades da honra e da dignidade são mais sensíveis do que as desigualdades econômicas sozinhas. É verdade que a percepção das desigualdades em termos de discriminações afeta o valor singular dos indivíduos. Esse desprezo pode ser ainda mais hostil, pois os indivíduos têm dificuldades de enfrentá-lo quando não podem se apoiar numa cultura de classe, no orgulho de suas origens ou num orgulho profissional. O desprezo é ainda mais violento pois todos podem se sentir sozinhos e despossuídos, reduzidos ao que têm de "aparente" e de superficial. Incapaz de elaborar uma imagem positiva de si e do coletivo ao qual o desprezo se dirige, o sentimento de ser desprezado se mistura ao da vergonha.* Da mesma forma, aqueles que mais se sentem desprezados agem do mesmo modo com aqueles que desprezam; eles hipertrofiam seu orgulho, sua força, seu sentido de honra. Para os jovens dos bairros desfavorecidos, a agressividade das interações, inclusive entre eles mesmos, é uma maneira de "preservar sua dignidade", antes mesmo que sejam desprezados.

Contra o desprezo, o respeito se torna o valor fundamental. Não se trata simplesmente do respeito devido a seu grupo, sua classe ou sua profissão, tampouco do respeito tradicional dos códigos de honra. Os atores recorrem ao respeito democrático que é devido a todos em nome de sua singularidade e de sua igualdade. Enquanto o respeito da honra exige a manutenção de certas desigualdades, o respeito democrático confirma a igualdade de cada um, além das desigualdades sociais. Por exemplo, isso é bem marcante no setor de serviço, no qual os assalariados concordam

---

* No decorrer de uma pesquisa de opinião em que se pedia aos indivíduos que evocassem uma lembrança de injustiça, a maior parte deles evocou uma interação, em princípio, banal, na escola, no trabalho ou nos transportes coletivos, durante a qual se sentiram profundamente humilhados, até mesmo "devastados".

em prestar serviços, mas se recusam a ser tratados como "serviçais". Esse respeito exige um alto nível de civilidade, pois ele incita a tratar cada um como um igual... apesar das desigualdades.[17]

Diante do desprezo, os indivíduos se sentem tentados a se considerar vítimas. Mas a posição de vítima não está isenta de uma certa ambivalência. Por um lado, cada um pode fazer valer seu status de vítima "na qualidade de". Ao estender o âmbito do trauma sofrido, ao ampliar o registro da violência simbólica a todas as interações, cada um pode interpretar as desigualdades sociais em termos de discriminações e de mágoas pessoais. Mágoas que, evidentemente, só cada qual é capaz de avaliar. Estende-se, assim, o terreno da "vitimologia" e da concorrência das vítimas, cada uma interessada em ser "mais vítima" do que as outras. Diante dos magistrados e dos advogados, fala-se menos em normas e leis do que sobre os sofrimentos experimentados, que seriam, então, a escala de gravidade dos danos sofridos.[18]

Por outro lado, em nome mesmo da responsabilidade igual dos indivíduos, o status de vítima não é tão fácil de assumir. Primeiramente, há o risco de se expor como vítima e ser obrigado a apresentar a prova diante de seus colegas, de seus empregadores ou, em certos casos, da justiça. Os indivíduos são aprisionados numa experiência paradoxal. Eles sabem que são vítimas de uma injustiça, ao mesmo tempo sem ter a certeza de que a prova possa ser estabelecida. Teriam me recusado esse emprego ou esse apartamento porque sou quem eu sou, ou por qualquer outra razão relacionada a meu valor ou às minhas competências? É difícil saber, e quase todos se recusam a se tornar "paranoicos", a se fecharem dentro do status de vítima e dentro das atribuições que isso implica – porque eu não sou "somente" mulher, "somente" pobre, "somente" minoria etc. Além disso, não sinto necessariamente vontade de me identificar com o coletivo ao qual a queixa me associa.

Isso porque a posição da vítima é percebida como uma renúncia à sua dignidade e à sua capacidade de ação. Ao assumir o status de vítima, considero que eu não sou mais senhor da minha vida. Não é, então, raro ouvir dizer que os outros são vítimas, o que comprova a existência de discriminações, mas que eu mesmo não sou uma, o que confirma minha singularidade e minha responsabilidade. É melhor escolher seu destino do que dar a impressão de que se é submetido a ele. A igualdade das oportunidades repousa sobre uma obrigação de participar da competição; retirar-se dela é uma forma de derrota e de abandono.

Isso pode ser visto na escola, onde temos não apenas o direito, mas também o dever de ser bem-sucedidos, se não quisermos parecer estúpidos ou incapazes. A escola não oferece mais lugar aos maus alunos indiferentes, que aguardam passivamente o fim do período escolar. Os alunos mais fracos, com frequência vítimas das maiores desigualdades sociais, são levados a sofrer vergonha e humilhação ou apresentar seus fracassos como se fossem escolhas. Para preservar sua dignidade e autoestima, eles precisam agir como se tivessem decidido não participar do jogo, como se resistissem a um sistema. Eles devem também denunciar os "idiotas", seus colegas cujo sucesso poderia determinar seu próprio fracasso. Dessa forma, é impossível para eles apresentarem-se como as vítimas das desigualdades escolares, se quiserem conservar o respeito próprio e o dos outros. Atribuir seu fracasso a outros ou ao sistema escolar seria uma forma de abdicação. A tensão é tão forte que ela, por vezes, só se resolve na violência infrapolítica, com a delinquência ou os incêndios de escolas e bibliotecas.[19]

Dentro de um mercado de trabalho tenso, a adoção do status de vítima é também frequentemente interpretada, pelas próprias vítimas das desigualdades, como uma abdicação. Considerando que é preciso voltar a enfrentar os desafios, é importante manter um princípio de esperança: isso acabará funcionando! Como no esporte, é necessário acreditar que podemos vencer o jogo, mesmo após uma longa série de derrotas.

Os reconhecimentos e as justiças

Do ponto de vista político, as desigualdades só fazem sentido na medida em que são consideradas como justas ou injustas, a fim de serem defendidas ou combatidas. Em todos os casos, elas devem ser justificadas. Ainda que seja difícil exprimir o que seriam as desigualdades e um mundo justos, cada um de nós é capaz de apontar as desigualdades injustas e, sobretudo, dizer o porquê de serem assim. Essa análise supõe que mobilizemos princípios de justiça, princípios compartilhados e suscetíveis de convencer os outros sobre a justiça ou a injustiça de uma desigualdade.[20]

A experiência das desigualdades é uma experiência moral. Para além da multiplicação e da individualização das injustiças, é importante notar se o âmbito dessa experiência é suficientemente homogêneo para superar a fragmentação e a singularidade das experiências. Ao que parece, se, por um lado, os atores concordam sobre os princípios de justiça comuns, os modos como eles articulam e combinam esses princípios não constituem um quadro homogêneo, capaz de superar a atomização das experiências vividas.

Em correspondência ao tema do desprezo, as desigualdades são hoje denunciadas como uma ausência de reconhecimento: "Não sou reconhecido". Esta fórmula sugere que as desigualdades são vividas como um desafio subjetivo, como um questionamento sobre meu próprio valor. Entretanto, em seu uso corrente, a noção de reconhecimento engloba diversas figuras das desigualdades e das injustiças. Eu não sou reconhecido porque meu salário é demasiadamente baixo, considerando o trabalho que produzo. Mas não sou reconhecido, tampouco, quando minha identidade sexual ou cultural é negada ou desprezada. Eu não sou reconhecido quando meu mérito, meu esforço e meus talentos são ignorados. Eu não sou reconhecido quando minha igualdade fundamental não é respeitada, quando me ignoram e não me respeitam. Eu não sou reconhecido quando minhas reclamações e meus problemas são ignorados, quando sou inaudível e invisível etc.

Todas essas declinações da ausência de reconhecimento são de natureza profundamente diferente, pois remetem a princípios de justiça distintos. Conforme propõem Nancy Fraser e Axel Honneth, é possível enxergar com maior clareza ao se distinguir os domínios do reconhecimento e da justiça social.[21] O reconhecimento diz respeito aos problemas de identidade, de gênero, de multiculturalismo ou de dignidade, ao passo que a justiça social é reservada ao domínio da redistribuição e das desigualdades sociais. Se essa distinção permite isolar as categorias de problemas, por outro lado ela não é totalmente satisfatória quando se ocupa o lugar dos atores, para os quais os dois tipos de problemas se confundem.

O reconhecimento cultural não foge de um imperativo de justificação, já que se faz necessário decidir entre aquilo que pode ser reconhecido e aquilo que não poderá sê-lo. Evidentemente, certas ideologias ou práticas que põem em questão a liberdade, a igualdade e a dignidade dos indivíduos não podem ser reconhecidas, porque elas ameaçam as concepções compartilhadas da justiça. O problema do reconhecimento não é, portanto, apenas aquele do reconhecimento *de quem*; ele é também aquele do reconhecimento *de quê*.

O que é justo ou injusto de reconhecer? Atrás da polissemia da reivindicação se coloca uma exigência de justiça. Não obstante, os princípios fundamentais da justiça social podem parecer contraditórios aos olhos dos indivíduos.

Os critérios de justiça

Se acreditarmos nas pesquisas relativas ao sentimento de injustiça, além da individualização da experiência das desigualdades, os atores sociais mobilizam critérios de justiça comuns. Quando é perguntado aos indivíduos por que as desigualdades a que são submetidos são injustas, os argumentos deles se organizam em torno de três princípios.

O primeiro é o da *igualdade*. São injustas as situações e as condutas que questionam a igualdade fundamental dos indivíduos. Devemos ser tratados como iguais apesar das desigualdades sociais, e estas são insuportáveis quando ameaçam uma humanidade comum. A partir de então, as desigualdades excessivas são intoleráveis. Na maior parte das entrevistas, assim como das pesquisas, todos rejeitam a hiper-riqueza e a grande pobreza que fazem com que os indivíduos não vivam na mesma sociedade. No entanto, o princípio de igualdade é menos simples do que parece, em particular quando os indivíduos se perguntam onde ficam as fronteiras da igualdade: nem sempre é evidente que os não nacionais pertençam ao círculo da igualdade.

O segundo princípio de justiça é o do *mérito*, que deveria produzir desigualdades justificáveis em função dos esforços, dos talentos e da utilidade de cada um. É justo recompensar aqueles que merecem; da mesma forma, denunciam-se os salvos-condutos, os lucros excessivos e os privilégios. Mas, aí também, o acordo quanto ao princípio oculta os conflitos de definição do próprio mérito. Trata-se de recompensar o esforço ou o talento? Neste último caso, o talento é um mérito ou um fruto do acaso? O mérito escolar deve se impor ao mérito profissional, ou o inverso? O valor do mérito depende também de seus âmbitos de realização: ele é menos contestado nos desportistas, cantores e atores do que no caso dos dirigentes econômicos e responsáveis políticos. Tem-se a impressão de que o mérito dos primeiros é óbvio, e o dos últimos, suspeito.

Por fim, os indivíduos recorrem a um terceiro princípio, a *autonomia*. As desigualdades não devem ser associadas a um domínio "excessivo"; elas não devem obstruir a autonomia nem a criatividade dos indivíduos, particularmente a dos trabalhadores. Todos devem ser reconhecidos como sujeitos capazes de agir segundo a própria vontade. Trata-se aí de um princípio que se deve mais à ética do que à justiça propriamente dita, mesmo que Amartya Sem faça disso o princípio básico da justiça, com seu conceito de "*capabilidade*".* Ainda mais do que os dois precedentes, esse princípio de justiça traz, do ponto de vista dos atores, problemas de definição, considerando que ele envolve concepções da boa vida sobre as quais um consenso é difícil, até mesmo impossível.

Não apenas um acordo global sobre os princípios de justiça não anula os desafios de sua definição como também os três princípios aos quais se referem os atores se apresentam frequentemente para eles próprios como antagônicos. De fato, todos sabem que a adesão simultânea à igualdade e ao mérito é contraditória, já que a plena realização do mérito destrói a igualdade. Critica-se, então, o neoliberalismo,

---

* O termo "*capabilité*" pode ser traduzido igualmente como "funcionalidade" ou "liberdade substancial". Segundo o indiano Amartya Sem, significa a possibilidade efetiva de que dispõe um indivíduo para escolher diversas combinações de "modos de funcionamento", como se alimentar, se deslocar, ser escolarizado etc. [N.T.]

a nova estratégia de gerenciamento numa economia digital (*néo-management*, em francês) e a obsessão pelo sucesso como vetores de desigualdade social. Mas, do ponto de vista do mérito, a igualdade é percebida como um benefício, um privilégio da antiguidade, uma proteção indevida e um obstáculo para o dinamismo econômico.

O recurso à autonomia leva a criticar a igualdade como uma forma de igualitarismo conformista e a exacerbação do mérito como uma ideologia da competição e da submissão às normas técnicas, destruindo a criatividade dos indivíduos. Do lado oposto, do ponto de vista da igualdade, a afirmação da autonomia parece uma forma de egoísmo, uma obsessão individualista da singularidade, a igualdade exigindo, ao contrário, a revogação das diferenças. Os excessos de autonomia, então qualificada de individualismo, ameaçariam a igualdade, que, por sua vez, supõe a adesão ao comum, à solidariedade, aos coletivos de trabalho e à nação.

Simetricamente, a afirmação da singularidade dos indivíduos põe em causa as regras anônimas do mérito. É a crítica clássica às políticas de discriminação positiva, acusadas de destruir a igualdade meritocrática. O conjunto de críticas não se interrompe jamais, e são com frequência os mesmos indivíduos que desenvolvem alternadamente todas essas críticas. Basta mudar de princípio de justiça para enxergar o mundo de outro modo.

Ser justo num mundo injusto

Certamente, ainda que os indivíduos adotem os mesmos princípios de justiça, eles se chocam com a poliarquia desses princípios, com uma espécie de "guerra de deuses" ainda mais inesgotável pelo fato de nenhuma articulação superior parecer capaz de impor-se a ela. Dentro do sistema de desigualdades múltiplas, a relação com o mundo é fundada mais na crítica que na adesão. Em função das situações "na qualidade de", cada qual recompõe sua crítica das desigualdades adotando todos os pontos de vista possíveis em meio a um fluxo de críticas ininterrupto. Essa instabilidade normativa tem duas consequências relativamente contrastadas.

A primeira consequência dos conflitos de justiça é uma certa distância em relação à vida política e aos movimentos sociais. A grande maioria das pessoas entrevistadas em nossas pesquisas sobre as discriminações e as injustiças no trabalho diz não se reconhecer nos partidos e movimentos que falam em seu nome. A fragilidade dos sindicatos e a desconfiança em relação aos partidos o demonstram amplamente.

Quase todas as mulheres entrevistadas sabem que são discriminadas. Várias são feministas, mas raras são aquelas que dizem se reconhecer nos movimentos feministas, tal como elas os percebem nas mídias. Da mesma maneira, as pessoas provenientes de minorias discriminadas se sentem afastadas dos movimentos que falam em seu nome, especialmente porque elas se recusam a ser associadas a identidades coletivas e porque desconfiam de líderes que lhes parecem distantes e autoproclamados. Em geral, todos têm a impressão de que a individualização das desigualdades escapa dos processos de representação política e social.

A segunda consequência é que cada um recompõe uma relação com as desigualdades por si mesmo. Tudo se passa como se, após ter lançado mão de todas as críticas possíveis "na qualidade de" e em função dos princípios de justiça, os indivíduos alcançassem uma forma de sabedoria: sendo o mundo injusto, é preciso adaptar sua experiência pessoal, estabelecendo compromissos entre os diferentes princípios de justiça. Durante nossas pesquisas sobre as discriminações e o sentimento de injustiça, quase todas as entrevistas decorreram da mesma maneira. A primeira fase é aquela de um fogo contínuo de críticas sobre as desigualdades e as injustiças. Em seguida, quando se pergunta aos indivíduos no que isso os afeta, a maior parte se apresenta como pessoas pacíficas que buscam a justiça para elas e para seus próximos, por meio de seus modos de viver, trabalhar e participar da vida associativa. É preciso ser justo num mundo injusto.

Tudo se passa como se as experiências pessoais estivessem desconectadas da visão global da sociedade. Da mesma forma que se enfrentam a "felicidade privada" e a "infelicidade pública", a busca da justiça para si e a injustiça do mundo se opõem. Ao mesmo tempo que a desconfiança em relação aos partidos e sindicatos parece ser a regra, os indivíduos se envolvem em movimentos morais e associações de solidariedade, essas causas justas permitindo *ser justo por si mesmo*.

A crítica das grandes desigualdades sociais, consideradas como escandalosas, não é a mesma de todas as desigualdades. Ela está frequentemente dissociada das experiências pessoais das desigualdades, aquelas que geram sentimentos de injustiça e de desprezo. Na maior parte do tempo, os riquíssimos e os paupérrimos estão longe uns dos outros, ao passo que as desigualdades que afetam a vida de cada um parecem ao mesmo tempo próximas, singulares e múltiplas. É dentro dessas desigualdades que os indivíduos se comparam e se definem. A soma dessas experiências não se transforma em críticas homogêneas e em movimentos organizados; ela se manifesta em cóleras e indignações comuns.

4

CÓLERAS E INDIGNAÇÕES

A CRÍTICA DAS DESIGUALDADES vividas como desafios pessoais, feridas e ameaças deveria reforçar os movimentos e os partidos favoráveis à igualdade social. No entanto, estamos muito longe disso. Em quase todo lugar, os partidos de esquerda e os movimentos sociais, por muito tempo identificados com o combate pela igualdade, estão perdendo o vigor e, às vezes, mesmo em vias de extinção.

Como não ver que os partidos de extrema-esquerda condenam a globalização e a Europa dos hiper-ricos, mas não se preocupam com as desigualdades múltiplas, aquelas que contam realmente para os indivíduos? Como não ver que, em certos países, são os eleitorados populares que elegem os milionários cujas políticas agravam ainda mais as desigualdades sociais?

É preciso tentar entender por que a cólera contra as desigualdades se transforma em expressões de ressentimento e em indignações, das quais a maior parte não resulta em nenhuma ação organizada, em nenhum programa. Em vez de combater as injustiças que eles condenam, os populismos se indignam e denunciam as elites, a oligarquia, os pobres e os estrangeiros. Que economia global é essa que produz cólera e indignação, sem ser capaz de refletir sobre suas causas?

O ressentimento na internet

O sistema das desigualdades múltiplas coexiste com a explosão da comunicação digital. Talvez mais nada reste a dizer sobre esses suportes, mas o modo como se fala deles e como nos comunicamos é tão radicalmente novo que ele transforma a expressão das opiniões e os processos de apresentação de si mesmo dentro de um espaço público.

A possibilidade oferecida a todos de se exprimir pela internet pode ser tida como um progresso democrático: ela reduz a distância entre aqueles que falam e aqueles que se calam, entre as palavras autorizadas e as palavras proibidas. Todos podem reagir, dar sua opinião, testemunhar sua experiência pessoal. Há movimentos sociais que nasceram nas redes e têm efeitos reais, como o movimento Me Too, as convocações para se manifestar pelo meio ambiente, pelos refugiados ou contra os impostos e o preço dos combustíveis. É necessário então desconfiar de uma crítica *a priori* da opinião digital, crítica esta que faz parte de uma longa história da desconfiança para com um discurso popular, sempre suspeito de ser irracional, passional, egoísta, incapaz de se elevar no sentido da razão e do interesse geral.

A capacidade de exprimir publicamente suas emoções e suas opiniões faz de cada um de nós um militante de sua própria causa, um quase-movimento social individual e solitário, já que não é mais necessário se associar aos outros e se organizar para ter acesso ao espaço público. Essa expressão direta é, com frequência, invadida pelas paixões tristes, quando não há mediação nem filtros de resfriamento para as reações dos internautas. A partir de então, na ocorrência de cada notícia popular, cada declaração política, cada experiência desagradável dentro do metrô, cada partida de futebol, todos podem dar livre curso ao ódio, ao racismo, à denúncia, aos rumores, às teorias de conspiração.

A cólera e o ressentimento, até então fechados dentro do espaço íntimo, avançam à esfera pública. A privatização e o imediatismo da crítica nos levam a denunciar não apenas a evolução do mundo, os patrões, os homens políticos e as elites, mas também seu chefe, seu vizinho, seu fascista, seu esquerdista, seu imigrante, seu prefeito, seu professor, seu médico – e o outro internauta que não os denunciou.

A expressão da cólera é ainda mais imediata porque todos estão sós diante de sua tela, livres dos constrangimentos da interação. De fato, a conversa cara a cara ou num grupo pequeno obriga a levar em conta as reações do outro, prevê-las, preservar a honra dos outros, a pressupor os argumentos opostos, acalmar o jogo. Não se pode ir até o limite de suas cóleras e de seus insultos quando desejamos que o relacionamento seja mantido. As interações sociais entretêm uma memória de intercâmbios, ao passo que a internet apaga rapidamente os gritos e as vociferações. Na rede, tudo pode ser dito sem autocensura (ou sem civilidade, para utilizar um termo mais positivo).

A publicidade das emoções

Essas denúncias, frequentemente sem consequência dentro do fluxo das injúrias, funcionam como um desabafo, uma mobilização pontual, imediata e singular, que não é canalizada nem enquadrada pelos mecanismos tradicionais da ação coletiva e do uso da palavra pública.

Os canais de informação contínua e os *talkshows* são partes do mesmo mecanismo. O comentário político e social é, nesse âmbito, organizado como um jogo de representações (RPG), demonstrando que ninguém se engana sobre as intenções obscuras daqueles que nos dirigem. Dependendo dos temas abordados, sabe-se que serão denunciados alternadamente a islamização da sociedade, as políticas neoliberais, a Europa, Trump, a Alemanha e a Rússia, a dominação masculina e a dominação feminina, a crise do ensino e o desprezo dos parisienses etc. O essencial é que o debate prossiga, a fim de que cada telespectador encontre nele um reflexo de seus próprios desgostos, obsessões, cóleras e indignações.[1]

Não é prova de um apego excessivo às formas institucionais da democracia observar que as experiências das desigualdades se manifestam diretamente no espaço público e que as paixões mais sombrias evoluem além dos movimentos sociais e de sua capacidade de construir uma ação coletiva. Todos podem se indignar, mas podem também se tornar "cruéis", "sádicos", e denunciar seu bode expiatório predileto como sendo "aquele que existe no meu lugar".[2] Cada um pode lançar sua própria cruzada moral.

Nessa pseudodemocracia de opinião, as cóleras e as indignações não precisam mais de partidos nem de sindicatos. Em vez de produzir uma oferta política e social, estes últimos podem responder às emoções da rede como reagem às pesquisas de opinião. Aliás, sabe-se que a internet desempenha um papel crescente nas campanhas eleitorais e que os especialistas do *big data* sabem atingir de maneira extremamente precisa os eleitorados suscetíveis a serem seduzidos. Cada um "tendo o direito de ter uma opinião", 19% dos estudantes do ensino médio pensam que as mídias não disseram toda a verdade sobre os atentados terroristas de novembro de 2015 em Paris, 9% acreditam que os atentados foram cometidos pelos serviços secretos, e mais de 60% desconfiam das mídias "oficiais".[3] A questão da verdade não é mais pertinente: cada um tem a sua.

Nem o ódio, nem as indignações, nem os rumores são notícias. Mas a televisão e a internet lhes dão um espaço considerável. Sobretudo, essa nova economia da palavra é adequada à individualização das experiências das desigualdades: ela a prolonga diretamente e sem mediação.

O "estilo paranoico"

A frustração e o sentimento de injustiça se transformam em ressentimento quando não fluem em uma narrativa social capaz de lhes dar sentido, designar adversários e razões de esperança. Michèle Lamont mostra que a experiência do racismo é vivida de maneira muito diferente em função da existência ou não de narrativas que propõem aos atores explicações, causas e suportes de dignidade.[4] A resiliência diante da injustiça se sustenta numa narrativa que a explica, que a inscreve em uma história, indicando suas causas e responsabilidades, restituindo um orgulho e razões para agir. Sem esse suporte, é o ressentimento que se sobrepõe. O ressentimento não é apenas uma relação do fraco com o forte. Contra o questionamento de seu valor, ele é também uma maneira de resistir ao desprezo, acusando os outros e a sociedade em geral de serem as causas de sua indignidade.[5]

Ao termo de uma longa construção histórica, o sistema das desigualdades de classe acabou construindo uma figura do adversário – burguês, capitalista, patrão – contra a qual era possível direcionar sua cólera. Contra esse adversário, a cólera se transformava em conflito. O conflito gerava mobilizações e lutas, mas não uma guerra civil. Ele não exigia a eliminação do adversário e supunha mesmo que era vantajoso negociar sobre a base de interesses comuns: a produção, o desenvolvimento econômico, o progresso técnico, a coesão social etc.

O conflito resfria as paixões, cria sentimentos de solidariedade, socializa a "resolução das tensões entre os contrários".[6] Foi assim que o capitalismo foi incrustado na sociedade industrial, dentro de seus sistemas regulatórios e de relações profissionais. Desse ponto de vista, o conflito é o contrário do distúrbio, das "emoções" e das repressões de massa. Ele também evita que o ressentimento se desloque para outros alvos e persiga os judeus nos massacres da Rússia e da Europa Central, como os italianos em Aigues-Mortes, em 1893.*

As transformações do capitalismo diluíram as relações de dominação, que foram progressivamente identificadas com o funcionamento de um sistema cego e sem atores: a globalização, o sistema financeiro, o neoliberalismo, as tecnologias. A dominação está acima de nós, fora de alcance e distante. Paralelamente, ela parece se perder no fluxo das interações sociais e de intercâmbios cotidianos, nos olhares e atitudes, no desprezo: dominação masculina, dominação pós-colonial, dominação das classes médias parisienses etc. Aí também o sentimento de desigualdade tem dificuldades para apreender um adversário sem forma definida e difuso, um adversário que se tornou a própria vida social. Quando as tensões e as desigualdades se tornam extremas, oscila-se entre a paranoia, que enxerga a dominação em todos os lugares, e a violência, que a revela através da ação.

A internet multiplica os testemunhos do "estilo paranoico".[7] Seu princípio é simples: a infelicidade do mundo procede de uma causa única e oculta, mas cuja potência se revela através de múltiplos sinais para quem os sabe reconhecer. O antissemitismo é o arquétipo desse estilo: quanto menos os judeus são visíveis, mais eles são poderosos. O lugar dos judeus pode ser ocupado por outras "forças",

---

* Evento em que trabalhadores italianos foram massacrados pelos trabalhadores franceses e moradores dessa cidade do sul da França. [N.T.]

as finanças, os tecnocratas etc. A partir de então, tudo se manifesta, a mais ínfima notícia popular assim como as longas evoluções históricas.

Encontrei jovens, vítimas do racismo antimuçulmano e de discriminações, que inscreviam suas experiências dentro da longa história das cruzadas e da colonização, e para os quais tudo confirmava o eterno retorno desta história: os empregos árduos reproduzem a escravidão, o *"apartheid"* colonial, os exércitos de ocupação e o racismo de Estado, sem esquecer o sucesso escolar das meninas, perpetuando a captação colonial das mulheres.

Basta percorrer os sites identitários de extrema-direita para ali descobrir exatamente a mesma estrutura da narrativa: tese da Grande Substituição, "corrupção" da raça e da cultura ocidental, inimigo mascarado e multiforme. Para outros, a Europa é a causa de todos os males: aquecimento global, crise econômica, decadência da cultura. Para outros, ainda, os direitos humanos são apenas o cavalo de Troia do neoliberalismo, e é preciso se livrar do politicamente correto, que impede de dar nome ao "inimigo". Em todo caso, as desigualdades têm uma causa única e invisível. A cada um seu "Grande Satã"! Alguns escolhem a guerra e a resistência, enquanto outros querem partir de um mundo impuro reencontrando uma relação direta com o divino, que se trate do Deus do Alcorão ou daquele dos Pentecostais.

Evidentemente, o estilo paranoico é extremo, mas basta interrogar os indivíduos sobre as causas das desigualdades e das injustiças para se dar conta de que esse estilo nem sempre está muito afastado de sua consciência, a partir do momento em que as causas e as responsabilidades escapam aos indivíduos. Estaríamos equivocados se considerássemos o estilo paranoico como uma simples patologia pessoal. Basta observar o papel que ele desempenha em certos países, nas campanhas eleitorais e nos modos de exercício do poder, para que nos convençamos do contrário.

Quando há dificuldades para se designar os adversários sociais e construir um conflito, nem que seja apenas porque a dominação está em "todo lugar", a passagem ao ato violento pode servir para revelar o "inimigo". Durante uma pesquisa de opinião realizada há mais de trinta anos, os jovens dos bairros populares se diziam "furiosos".[8] Excluídos do mercado de trabalho, frequentemente com poucos diplomas, isolados em seus bairros, vítimas do racismo e da má reputação dos subúrbios, eles tinham a impressão de que o mundo inteiro conspirava contra eles e os abandonava. Tal impressão era ainda mais forte uma vez que os partidos, as associações e os movimentos de juventude se desintegravam. Sem adversário identificável, sem orientação política, esses jovens adultos passavam da apatia ao ódio violento, a uma série de confrontos com a polícia.

Os distúrbios se multiplicaram ainda mais porque os jovens viviam num vazio político, com os policiais e sua brutalidade desnecessária dando uma imagem à dominação, cristalizando todas as suas formas. A violência revela o conflito: começa-se testemunhando, conversando com os políticos eleitos, sendo recebidos e ouvidos por eles – até o próximo distúrbio. Conforme nos mostra muito bem o filme de Spike Lee, *Faça a coisa certa*, o distúrbio distende as tensões físicas, pois desvenda o adversário, que fica obrigado a se revelar.

A questão dos "bairros problemáticos" acabou se impondo na agenda política, mas ela foi construída acima dos jovens e dos moradores desses bairros, que não entraram em nenhum processo político. Dentro do mundo mais controlado, mais pacífico e mais organizado dos conflitos de trabalho, observa-se, desde a década de 1980, uma redução do número de greves e de dias de greve, mas um aumento das manifestações que culpam uma política geral, muito mais do que combatem diretamente os senhores do trabalho e da produção.[9] Talvez, a "manifestação" seja menos uma expressão de um conflito do que a tentativa de fazer com que ele surja. Os *black blocs* levam essa lógica ao seu paroxismo, com sua violência revelando a verdadeira natureza da violência do Estado. É a propaganda através dos fatos dos niilistas russos.

Os mecanismos do ressentimento

O fenômeno mais surpreendente, sem dúvida o mais deprimente, é a associação da crítica das desigualdades ao ódio aos pobres, aos estrangeiros, aos mais fracos. Assim, desfaz-se do sentimento de ser desprezado, ignorado, invisível, ao se destacar daqueles que o são ainda mais, mas que se beneficiariam da indulgência e do apoio dos poderosos.

Para ser reconhecido como vítima ao mesmo tempo refutando esse status, é preciso denunciar as "falsas" vítimas, aquelas que extraem vantagens indevidas. Os americanos brancos viveriam mal porque os afro-americanos e as minorias tirariam proveito do Estado de bem-estar social e das políticas de discriminação positiva. Os pobres das zonas rurais viveriam mal porque só se daria ouvidos aos pobres dos subúrbios, visíveis em razão de seus distúrbios e de seus atos de delinquência. Os operários franceses perderiam seus empregos porque seriam substituídos pelos operários imigrantes, que aceitam salários baixos e condições de trabalho degradantes. Os homens perderiam sua posição e sua dignidade porque as mulheres tomariam seus lugares.

O inimigo é o assistido pelo sistema social. Sessenta e nove por cento dos franceses pensam que existe um "assistencialismo" demasiado, assim como 87% dos eleitores de direita, mas também 55% dos eleitores de esquerda.[10] Os franceses acham que pagam impostos demais, enquanto os beneficiários dos auxílios sociais "abusariam" da situação. Eles acreditam ainda mais nisso pois pertencem às categorias modestas, são aposentados, têm poucos diplomas e votam na direita.[11] Quando se pede aos franceses para explicar a pobreza, 44% entre eles a atribuem às injustiças sociais, sobretudo quando trabalham nos serviços públicos e têm empregos qualificados; mas 33% a consideram inevitável, 9% a atribuem à ausência de oportunidades, e 14%, à preguiça.[12] Os aposentados com baixa qualificação profissional preferem explicar a pobreza como fruto da preguiça e da fatalidade.

As minorias e os imigrantes não respeitariam o contrato social. São incontáveis as entrevistas realizadas com assalariados que me relataram que os imigrantes passam sempre à frente deles, na agência dos correios, na CAF, no hospital e até mesmo nos caixas do supermercado! É verdade que as mídias colocam em evidência as desigualdades de gênero e de "raça" muito mais do que as desigualdades de classe, e que os "pequenos brancos"* são personagens ridículos: os Simpsons, os Deschiens, os *beaufs,** etc.[13]

Talvez, o ressentimento se deva menos às desigualdades sociais do que ao medo de perder sua posição dentro da ordem das desigualdades. Que se trate dos operários ou das classes médias, o medo da desclassificação supera amplamente o risco real de desclassificação.[14] O medo da decadência está associado com extrema força à crença na meritocracia e na igualdade das oportunidades. Quanto mais se acredita na igualdade das oportunidades, mais se vota na direita e mais são aceitas as desigualdades. Entretanto, ao mesmo tempo, quanto mais se é pessimista, maior é o medo da desclassificação.[15]

Convém, então, manter as distâncias, como se a proximidade com os mais pobres tivesse algo de corruptor, como se ela exercesse uma pressão para baixo. O separatismo social se estende ao longo de toda a cadeia de desigualdades, e não apenas do lado dos riquíssimos, há muito tempo separados da massa. Entre 1982 e 2013, a porcentagem de executivos duplicou em Paris, passando de 24% a 46%, ao passo que a dos empregados e operários passou de 48% a 25%.

---

* No original, *petits blancs*: expressão pejorativa usada para se referir aos brancos de baixa renda. É análoga à expressão inglesa *white trash*. [N.E.]

** Referências à série americana *The Simpsons* e à série cômica da televisão francesa *Les Deschiens*; já *beauf* designa o francês médio nacionalista com tendências de direita. [N.T.]

No seio das categorias populares, esse distanciamento prossegue em função dos bairros, dos conjuntos de prédios residenciais e das áreas de casas unifamiliares. Mesmo nos casos em que existe certa diversidade social, esta para à porta da escola: as classes médias superiores, que compram habitações na região nordeste de Paris e nos subúrbios populares, cuidam para que seus filhos frequentem estabelecimentos protegidos da presença de crianças dos bairros populares. As colônias de férias, durante muito tempo uma garantia de criar certa diversidade social, tiveram expressivo recuo: 5 milhões em 1960 contra 1,2 milhão hoje em dia.

Basta observar a imagem dos bairros desfavorecidos para ver onde se encontra o suposto perigo. Esses bairros são associados ao desemprego e à assistência social por 94% dos indivíduos interrogados em toda a população, e à delinquência por 92%. Para 64% das pessoas ouvidas, os desempregados encontrariam trabalho se assim o desejassem. Trinta e sete por cento acham que os pobres não fazem esforço algum para sair dessa situação, 44% acreditam que os auxílios sociais desresponsabilizam as famílias, e a porcentagem daqueles que pensam que se faz necessária uma assistência social mais ampla passou de 43% para 35%, entre 2009 e 2014.[16]

Sempre existiu um voto operário na direita, mas, desde o final dos anos 1970, o voto operário no Partido Socialista e, mais ainda, no Partido Comunista começou a diminuir. Não são os antigos eleitores operários de esquerda que votam na direita, mas seus filhos, que já não foram socializados dentro da cultura política da classe operária.[17] Eles conheceram a transição entre o sistema das desigualdades de classe e o das desigualdades múltiplas, em que a segmentação das desigualdades desloca a figura do risco social para os mais desprovidos. Então, os operários votam na direita contra as desigualdades e o "sistema", sem dúvida, mas também contra as vítimas do sistema percebidas como ameaças.[18]

Com muitas críticas em relação às desigualdades, o eleitorado do Front National (FN), que foi rebatizado como Rassemblement National (RN),* é também o mais popular e o mais operário. No primeiro turno da eleição presidencial de 2017, 37% dos operários e 32% dos empregados votaram em Marine Le Pen. Ela continua liderando entre os cidadãos de renda mais baixa e os menos diplomados. Mais do que a posição social, é o sentimento de insegurança social que conquista a adesão desses eleitores. Trinta e cinco por cento dos operários não precários votam no FN, mas o índice aumenta para 62% entre os operários em situação precária. Nos locais em que a taxa de desemprego é inferior à média nacional, o FN atingiu 27% no segundo turno da eleição presidencial de 2017, mas subiu a 47% onde o desemprego alcança ou ultrapassa 13%.

O sentimento de ser deixado de lado explica também uma votação cuja característica essencial é a repulsa aos imigrantes e estrangeiros. O voto no FN atinge seu ápice a quarenta quilômetros das grandes cidades e diminui em seguida, e a votação no FN é duas vezes mais importante

---

* Partido político francês de extrema-direita fundado em 1972. Foi presidido por Jean-Marie Le Pen desde sua criação até 2011 e é liderado, hoje, por sua filha, Marine Le Pen. [N.E.]

nos municípios com mil habitantes do que nos municípios com dez mil habitantes. Esse voto, portanto, não está relacionado à presença dos imigrantes, mas ao receio que causa sua proximidade, à ameaça de uma "invasão".

É evidente que o voto no FN é um voto social, um voto de protesto contra as desigualdades, a insegurança social e o sentimento de abandono. Mas é igualmente um voto contra os mais pobres, contra os estrangeiros, contra o Estado de bem-estar social tal como ele existe. A transformação de um voto "social" num voto "identitário" não é compreensível se não levarmos em conta o ressentimento.

A economia moral do respeito

"Somos desprezados, somos esquecidos, somos invisíveis!" Este é o tema de *Forgotten Man*,* o trabalhador branco, honesto, tolerante, contribuinte, ao qual é solicitado que se responsabilize pelos pobres, os imigrantes e os que procedem das antigas colônias.[19] Com o ressentimento, a questão social se torna uma questão nacional e moral. A dignidade dos trabalhadores é ameaçada. O crescimento do nacionalismo, do populismo, da xenofobia, do medo da desclassificação e da pobreza não pode ser explicado somente pelo sucesso de propagandas perversas e ideias falsas. Ele se inscreve dentro de uma

---

* *The Forgotten Man*, o homem esquecido, é um conceito político do início do século XX nos Estados Unidos que designa os mais desassistidos de uma sociedade. [N.T.]

economia moral que defende um certo tipo de sociedade e de solidariedade.

Os operários do norte da França refutam a criação de uma renda incondicional porque isso romperia o contrato social, a economia da dádiva entre o trabalho e as assistências sociais. Em resumo, essa renda beneficiaria demais os estrangeiros.[20] Mas essa objeção não pode ser limitada a uma simples manifestação de xenofobia: dentro do sistema de desigualdades múltiplas, os atores sociais, especialmente os trabalhadores, têm a impressão de que os mecanismos da solidariedade se decompõem. Estranha impressão, num país onde as arrecadações e as redistribuições permanecem elevadas e dividem quase por dois a amplitude das desigualdades.

Mas a suspeita geral em relação aos desempregados e aos beneficiários de auxílios sociais decorre do esgotamento da representação do contrato social, que se encontra no fundamento do Estado de bem-estar social. Esse contrato se baseava num imaginário solidarista, numa ideia de que o trabalho dava direitos em função da contribuição de cada um à riqueza nacional. O trabalhador e sua família tinham direitos porque eles davam à sociedade, porque participavam da prosperidade da "colmeia" – para utilizar uma bela imagem de Saint-Simon.*

Com o sistema das desigualdades múltiplas, esse contrato foi fracionado numa infinidade de políticas sociais

---

* Conde de Saint-Simon (1760-1825) foi um filósofo e economista francês. Um dos fundadores do socialismo moderno e teórico do socialismo utópico. [N.E.]

direcionadas para problemas sociais particulares e desigualdades singulares. O acesso aos direitos sociais se tornou demasiadamente complexo. Sendo o sistema das políticas sociais e dos múltiplos dispositivos incompreensível, todos podem ter a impressão de estar sendo enganados, de pagar demais, de pagar por aqueles que não merecem e de não receber o que ele mesmo merece. É fácil imaginar que os outros recebem demais, quando se ignora o que eles recebem e o que dão.

A nação, um assunto de iguais

A igualdade é devida aos cidadãos nacionais. As discriminações são ainda mais insuportáveis porque dizem respeito a cidadãos de uma mesma nação, uma nação fundada sobre a igualdade. Michèle Lamont mostra como essa consciência de uma igualdade nacional estrutura as formas de resistência e de resiliência dos operários norte-americanos e franceses: é em nome da igualdade dentro da nação que certas desigualdades são insuportáveis, pois elas põem em causa a igualdade dos cidadãos.[21]

Em minhas próprias sondagens, as vítimas do racismo declaram, acima de tudo, seu pertencimento à nação, seu direito de ser francês como os outros. Ora, da mesma maneira que as representações de solidariedade se desintegram e se afastam do sistema das classes sociais, a nação não é mais o que era – o que ela acreditava ser. A nação não é mais definida pelas fronteiras "naturais" e estanques, por um Estado plenamente soberano, pela sua economia nacional e, muito menos, pela crença em sua homogeneidade cultural, nem que seja à custa da amnésia.

Nós saímos do velho mundo westfaliano* que dominou a Europa durante séculos. A independência das nações se enfraqueceu com o emaranhado de trocas, acordos internacionais e com o poder de enormes empresas desterritorializadas. Ela é também ameaçada do interior, com o reconhecimento da "diversidade". Os compromissos laicos voltam a ser questionados. Os franceses não são mais todos "brancos" e de cultura católica, os que vão à igreja e os que são anticlericais. Essa narrativa nacional, que acabou se impondo, hoje cai aos pedaços.

Mesmo quando o estudo das sondagens de opinião abrangendo um longo período mostra que os franceses são mais tolerantes em relação às diferenças culturais e às minorias,[22] a ansiedade nacional se desenvolve. As imigrações são associadas à delinquência, ao desemprego e à recusa de integração. Na Europa, os receios econômicos são bem mais fracos do que os receios nacionais e culturais.[23]

Mais precisamente, os receios econômicos se manifestam nos temas identitários e nacionais, e a economia moral do respeito se refugia dentro da igualdade no seio da nação. Basta que os ideólogos e os partidos combatam o "politicamente correto", para que o racismo adquira o direito de ser uma opinião como outra qualquer, em nome da defesa da igualdade na nação.

---

* Referência à chamada Paz de Westfália (1648), que compreendeu um conjunto de acordos responsável por selar a paz no continente europeu e estabelecer noções e princípios como os de soberania estatal e Estado-nação. É considerada o marco inicial do direito internacional clássico e uma das bases de estudo das relações internacionais. [N.E.]

Individualismo e desejo de autoridade

O sistema das desigualdades de classe foi associado a uma concepção da modernidade na qual o indivíduo era considerado como autônomo porque acreditava nos valores universais, mas também porque tinha "interiorizado" o social, aderia a seus papéis e às morais associadas e conciliava suas paixões e seus interesses. Essa representação se desfaz quando o indivíduo, mais livre e mais igual, assevera seu direito à autenticidade e à singularidade. Mas, no mesmo instante, o individualismo dos interesses se estende também num mundo que parece constituído de vários mercados. As paixões e os interesses pessoais parecem evoluir dentro de esferas independentes umas das outras. A cultura e o mercado se separam.[24]

Esse duplo individualismo, do qual ninguém escapa, inclusive aqueles que o condenam, tem duas consequências. A primeira é o declínio ou a crise endêmica das instituições de socialização, entre as quais a escola, certamente, submetida à concorrência dos interesses e ao desejo de satisfação pessoal. Se antes era preciso ser um cidadão virtuoso e patriota, agora é preciso ter mais sucesso do que os outros, sem com isso deixar de se sentir seguro de si mesmo. A segunda consequência é uma justaposição das paixões, dos ideais e dos interesses contraditórios. Eu me manifesto contra a seleção universitária, mas faço todo o possível para que meus filhos ingressem nas classes preparatórias dos principais estabelecimentos privados de ensino superior. Eu me manifesto contra o aquecimento global, mas protesto também contra o aumento do preço dos combustíveis, ao mesmo tempo que saio de férias para bem longe da minha casa, graças às companhias aéreas de *low cost*. Eu denuncio a alta dos aluguéis, mas utilizo Airbnb etc.

Para resolver a contradição entre convicções e interesses, podemos nos sentir tentados a denunciar a liberdade dos outros e a exigir o apoio da autoridade.[25] Durkheim explicava que o desejo de autoridade, na sua visão uma característica da Alemanha imperial, não era um reflexo arcaico, mas o produto do individualismo que, sem dar limites a si mesmo, esperava que a autoridade o fizesse em seu lugar.[26] Hoje em dia, os alunos do ensino médio reivindicam mais liberdade para eles mesmos e mais disciplina para os outros, mais polícia e vigilância, mais autoridade pública que os proteja contra sua própria autonomia. A economia moral do sistema de desigualdades múltiplas convida a uma defesa de suas liberdades ao mesmo tempo que a um reforço da ordem pública.[27]

O espírito de nossa época favorece os Estados fortes e autoritários. Mais liberdade para mim e mais segurança para todos. Mais liberdade, mais mercado e mais autoridade contra os danos da liberdade e do individualismo. Os sucessos de Trump, Bolsonaro, Putin, Erdoğan, Salvini, Orbán e vários outros, hoje e amanhã, sem dúvida demonstram que essa estranha alquimia moral nada tem de paradoxal. Neste sentido, não se trata de um retorno ao fascismo.

Em última análise, a economia moral do desprezo e do respeito defende uma representação da sociedade baseada no contrato social, na nação e no indivíduo tais como estes foram constituídos dentro das sociedades industriais nacionais e no sistema de classes sociais. Enquanto essas sociedades se esgotam e nós vivemos no sistema de desigualdades múltiplas, o imaginário coletivo das vítimas das desigualdades segue sendo o da sociedade perdida, o da sociedade industrial na qual cada um se acha em seu lugar, o da nação homogênea e do Estado forte, protetor, plenamente soberano. No fundo, a situação em nada difere daquela das sociedades europeias que, no século XIX, se tornaram românticas e nostálgicas das ordens perdidas, antes de aceitar a modernidade. Não sem alguns recuos.

A rotinização da indignação

Seria absurdo explicar toda a vida política pelas desigualdades sociais e pela experiência das desigualdades. Mas é preciso indagar sobre a oferta política e sobre a vida intelectual que podem transmitir essa experiência; narrativas devem ser construídas forçando a mobilização dos indivíduos, a fim de lhes explicar o que lhes acontece e abrir o horizonte de um mundo mais justo. Quais são as formas coletivas da cólera e do ressentimento?

"Indignem-se!", escrevia Stéphane Hessel em 2010. Um milhão de exemplares vendidos, traduções em todas as línguas. Movimentos de indignação contra as desigualdades sociais e políticas de austeridade nos Estados Unidos, Espanha, França. Vivemos o tempo das indignações.

A indignação é uma emoção positiva. Ela é uma das instâncias essenciais das mobilizações; todos nós estamos, estaremos ou estivemos indignados com as injustiças insuportáveis, as desigualdades obscenas, a maneira como são tratados os refugiados, a violência dos Estados, a destruição da natureza. Hoje, como ontem, a indignação é o ingrediente básico dos protestos, dos movimentos sociais e das revoltas morais. Nós estamos indignados porque somos solidários, ficamos comovidos com os sofrimentos que nos dizem respeito sem nos afetar pessoalmente.

Portanto, não convém condenar a indignação como tal, mas se perguntar sobre as relações entre a indignação e a ação. A questão principal é saber se as indignações se transformam em programas de ação, em programas políticos, em estratégias suscetíveis de agir sobre os problemas que suscitaram a indignação. No caso contrário, a indignação é inócua; ela se torna uma cólera sem objetivo, uma postura às vezes, uma energia que se esgota sem influir sobre as causas da indignação.

A questão não é nova. Max Weber a formulara na oposição entre a "ética de convicção" e a "ética de responsabilidade". Com a primeira, só se leva em conta seus princípios e suas convicções. Com a segunda, entra-se na ação e nos sentimos responsáveis pelas consequências desta ação; a ação justa não é a mais pura, mas é a mais eficaz e aquela que provoca menos danos colaterais. Com a ética de responsabilidade, aceita-se agir dentro das condições impostas, num mundo tal qual ele é. É o que chamamos de política: é preciso que a indignação engendre um programa político, um movimento sindical, uma organização, um conjunto de práticas individuais e coletivas capazes de transformar, ainda que timidamente, a vida social.

Sem insinuar a menor suspeita em relação à sinceridade das indignações provocadas pelas desigualdades sociais, pode-se ter o sentimento de que, sem os apoios políticos, associativos e sindicais, a indignação funciona como uma válvula de escape, um linchamento: "São todos incapazes e corruptos!".[28] Enquanto a ação política exige a prudência, a competência e uma consciência dos aspectos "trágicos" da política (já que não se pode ganhar em todas as frentes, vender para o exterior e não comprar, abaixar o preço das matérias-primas e lutar contra o aquecimento global), a indignação postula que o povo é sempre melhor do que seus representantes.

Sem uma proposta política racional, é possível se indignar contra tudo e seu contrário: o aumento dos impostos e o enfraquecimento dos serviços públicos e do Estado de bem-estar social, as desigualdades escolares e o questionamento sobre os cursos seletivos e as classes europeias* para seus próprios filhos, a ausência de diversidade e a promiscuidade nos transportes coletivos, os engarrafamentos urbanos e as restrições de trânsito, a presença policial e a insegurança. Com o tempo, será possível se indignar contra as desigualdades sociais e o enfraquecimento das hierarquias tradicionais.

A tendência à indignação generalizada provém, sem dúvida, da distância crescente entre as paixões e os interesses, entre os valores sociais e os mercados, mas ela é, sobretudo,

---

* Classes europeias são cursos oferecidos nas faculdades e nas escolas secundárias da França que permitem aos alunos aprofundar seus conhecimentos da língua e da cultura de um país europeu ou de uma língua oriental. No ensino médio, apenas um terço dos alunos conseguem ingressar em uma classe europeia. [N.E.]

alimentada pela debilidade da proposta política. A democracia dos públicos nos afasta dos "partidos programas", ou seja, dos partidos que deveriam construir programas coerentes e realistas. "Nossos sonhos não podem entrar em suas urnas", diziam os *Indignados* espanhóis. Chega-se, assim, a uma radicalidade revolucionária ou contrarrevolucionária, sem revolução, sem partidos revolucionários nem forças revolucionárias. Fica-se ainda mais indignado porque a ação parece impossível e, neste caso, a indignação se exonera de toda responsabilidade.

Sem programa político, a indignação corre o risco de soldar a aliança do neoliberalismo e da democracia radical sobre as ruínas dos partidos políticos e dos sindicatos. Resta apenas um cara a cara entre uma tecnocracia liberal, sustentada sobre a gestão das restrições e sobre a ética de responsabilidade ("nós somos sérios, sensatos e competentes, pois o mundo se impõe a nós"), e as cóleras indignadas que recusam a comprometer-se e a esfriar-se na construção de alternativas políticas.

Como passar dos *Indignados*, nascidos na crise de 2008, ao partido Podemos? Da indignação à força política? Hoje, o Podemos experimenta isso, arriscando-se a tornar-se um partido como os outros, com suas tendências, suas querelas e desacordos sobre a Catalunha e sobre a Europa, suas alianças com os partidos tradicionais. Da mesma forma que se falava de rotinização do carisma, passagem do profetismo à religião instituída, assistimos à rotinização da indignação. Entretanto, a política é a única maneira de transformar a indignação em força social. Sem isso, o populismo se instala.

Os populismos: do povo ao chefe

A família dos populismos é tão vasta que inclui em suas fileiras os populistas russos do século XIX, os partidos fascistas dos anos 1930, os governos latino-americanos de Juan Perón, Cárdenas, Getúlio Vargas, e depois os de Rafael Correa, Evo Morales e Hugo Chávez. Hoje, existem populismos de esquerda e populismos de direita em toda a Europa, em países onde o desemprego é fraco, assim como naqueles em que ele é elevado, na Inglaterra liberal do Brexit como na Suécia social-democrata. Mas como a noção de populismo se impôs, trabalhemos com isso, para designar um estilo político bem nitidamente identificável, apesar de tudo que distingue os diferentes partidos e movimentos populistas.

O que é o "povo"? O povo dos populismos é o povo dos trabalhadores, não unicamente a classe operária, mas também os empregados, os funcionários, os camponeses, os artesãos, os pequenos patrões, os comerciantes. É o "povo" do Partido Comunista e o de Pierre Poujade.* É o povo que trabalha, o povo dos "pequenos" que deve ser protegido da ganância das "grandes" multinacionais, dos altos funcionários, de todos aqueles que se "empanturram". Dentro desse povo de trabalhadores, as desigualdades aparecem como secundárias.

O povo populista é também a nação, sempre ameaçada, sempre traída. Para os populistas de direita, é a nação das

---

* Pierre Poujade (1920-2003) foi um político populista francês que inspirou o movimento poujadista, cuja bandeira eram os interesses do "homem comum" em oposição àqueles das elites. [N.E.]

raízes, do sangue e da tradição, a nação "invadida" pelos imigrantes e pelos refugiados. Para os populistas de esquerda, a nação é mais aberta, mas ela está também amaçada pela globalização, pela Europa, pela Alemanha (para o povo francês), pelos Estados Unidos (para a maior parte dos países) e pelo mundo inteiro (para os norte-americanos). Cada um tem seu inimigo!

Finalmente, o povo populista é o povo soberano. O povo sempre traído pelas elites, ignorado pela representação política, enganado pelas mídias a serviço dos poderosos, o povo ignorado e desprezado. É o povo de uma democracia radical, o povo hostil ao "jogo democrático" dos comprometidos e dos notáveis, o povo que quer um Estado forte. De direita ou de esquerda, o povo dos populistas é a expressão direta da economia moral daqueles que se sentem despossuídos e divididos pela multiplicação das desigualdades. É o povo do trabalho, da ordem e da nação, o povo que enfim superará o individualismo e a atomização dos interesses.

Geralmente, a unidade do povo se encarna num chefe de estilo viril e autoritário. O líder é o povo, ele compreende suas frustrações e seus sofrimentos, seus sentimentos profundos e suas cóleras. O líder populista não é definido por suas origens. Ele pode ser rico, como Donald Trump ou Marine Le Pen. Ele pode ser um parlamentar experiente, como Jean-Luc Mélenchon ou Boris Johnson. Ele pode ser, ao mesmo tempo, o poder e o povo, como Victor Orbán ou Beata Szydło. Ele pode vir das mídias, como Beppe Grillo, ou dos grupúsculos de extrema-direita, como Matteo Salvini. Pouco importam suas origens: o líder populista deve transformar a indignação em ressentimento, porque ele possui a capacidade de designar os adversários e os inimigos.

A unidade dos líderes populistas é seu estilo político: a indignação e a denúncia. Como os partidos populistas são "bancos de cólera",[29] o líder populista está sempre indignado, sempre colérico. Nunca sabemos se trata-se realmente de uma característica da sua personalidade ou de um papel político. Sem dúvida, dos dois.

A combinação emocional do apelo ao povo e da indignação procede de uma profunda racionalidade política. Basta ler as obras de Ernesto Laclau e de Chantal Mouffe para se convencer disso.[30] Ao contrário, para os populistas, qualquer que seja a maioria política, esse sistema priva o povo de seu poder e assegura a dominação da oligarquia, o conjunto daqueles que dirigem a economia, as mídias, as instituições.

Por isso, a essência da democracia é agonística. Ela se torna o conflito irredutível entre o povo e a oligarquia. A distinção entre a política e a vida social é a primeira forma de dominação. Nessa perspectiva schmittiana, em que a paz é apenas a suspensão da guerra, a indignação e o ódio são as instâncias de toda a vida política, ou seja, da constituição do povo como sujeito. "O ódio das mídias e daqueles que as fazem funcionar é justo e são", declarava Jean-Luc Mélenchon.[31] Nós não nos encontramos mais dentro do modelo da vanguarda guiada por uma concepção da história e da luta de classes, mas dentro de um registro emocional do qual a indignação é a instância essencial. "Vote com seu ventre, não com o seu cérebro!", dizia Beppe Grillo.

É preciso, então, mobilizar as paixões, inclusive as mais sombrias, e personalizar o conflito contra a oligarquia que se esconde atrás do direito, das instituições políticas, das mídias, da independência da cultura e da ciência, a fim de que o povo se constitua contra seu adversário. "Mentem para vocês, enganam vocês." As pessoas são enfeitiçadas pela oligarquia. A indignação se torna uma instância política essencial da qual é preciso cuidar.

Estamos acostumados ao estilo hediondo dos populismos de direita. É preciso agora se habituar à indignação hedionda dos populismos de esquerda. "Você é odiado, você é odiado, você é odiado", escreve François Ruffin no *Le Monde*, em 4 de maio de 2017, no dia seguinte à eleição de Emmanuel Macron. Eu o odeio porque eu sou o povo, e você, seu inimigo. As eleições europeias de 2019 devem ser um referendo anti-Macron, o "presidente dos ricos", "o homem do desprezo". A Europa pouco importa nessa questão! Laurent Wauquiez segue o exemplo, mobilizando o ressentimento contra os parisienses, a Europa e os funcionários públicos.

O populismo europeu é um "populismo líquido".[32] Ele pode ser estatal ou ultraliberal, socialista ou revolucionário, protecionista ou favorável ao livre-comércio, racista ou oposto "somente" às potências estrangeiras. O populismo é mais um estilo do que uma política. Em última análise, ele se adapta a todas as políticas e nada promete. Na Itália, a aliança entre a extrema-direita e o M5S (Movimento Cinco Estrelas) promete, ao mesmo tempo, uma redução dos impostos e a renda universal. No final, ele pode ser nacionalista e liberal, protecionista e hostil ao direito do trabalho; ele pode invocar os pobres e também favorecer os mais ricos.

Se o apelo ao povo supera a balcanização das desigualdades sociais, se ele supera as "pequenas" desigualdades e as múltiplas reivindicações de reconhecimento, ele não diz (e não pode dizer) o que fará disso, uma vez no poder. Pois, senão, ele romperá a unidade do povo. Ao construir o povo contra a oligarquia, a indignação populista não apreende o problema das desigualdades que atravessam o povo e cada um entre nós. Pior ainda, ela as apaga: uma vez afastado o 1% mais rico, sobra apenas um "povo" supostamente homogêneo, ainda que as desigualdades de rendas se encontrem na ordem de 1 a 4 (e muito mais, se acrescentarmos as desigualdades de patrimônio e todas as desigualdades múltiplas).

Paixões iliberais

A rejeição das desigualdades sociais é necessariamente associada à crítica do neoliberalismo, que enfraquece a regulação dos mercados de trabalho, os códigos trabalhistas e as proteções sociais. Em nome da liberdade dos negócios e da concorrência internacional, seria preciso diminuir os encargos sociais das empresas, fazer o jogo da concorrência, afrouxar todas as regras que freiam o domínio do capital sobre o trabalho, dos acionistas sobre os assalariados. Explicam, então, que a hiper-riqueza de alguns seria boa para todos, a favor da "teoria" do escoamento, e que a "fluidez" do mercado de trabalho seria boa para o emprego. O funcionário se torna um privilegiado, ao passo que o entregador de pizza autônomo é o símbolo do trabalhador livre, libertado pelo capitalismo de plataforma.

As críticas do neoliberalismo são óbvias e nos são familiares. Elas subsistem, e isso é ótimo. Entretanto, na arena das ideias, a crítica do neoliberalismo econômico é frequentemente associada à crítica do liberalismo político e cultural. Mais exatamente, explicam que a democracia, a multiplicação dos direitos, o individualismo e a paixão pela igualdade são o cavalo de Troia do liberalismo econômico.[33] O pensamento de esquerda "tradicional" tentava mostrar que o individualismo democrático e o capitalismo eram contraditórios porque as condições de vida e de trabalho impostas aos assalariados destruíam a autonomia à qual eles aspiravam.

Hoje, a vida intelectual, especialmente a francesa, é dominada por um outro raciocínio: o liberalismo cultural estaria, em parte, ligado ao liberalismo econômico. É "um pensamento de direita numa linguagem de esquerda".[34] Christopher Lasch, algoz do individualismo democrático que se tornou narcisismo e da mediocridade transformada em cultura de massa, passa a ser considerado um autor "de esquerda". Prefere-se o Péguy de 1914 ao Jaurès,[*] e a república à democracia. Em nome da crítica do liberalismo e do mundo "como ele caminha", é preciso denunciar o espírito de Maio 68, o politicamente correto e a boa consciência, a explosão dos direitos e a tirania das minorias,

---

[*] Jean Léon Jaurès (1859-1914) foi um político socialista francês que propunha uma revolução social democrática e não violenta, e Charles Pierre Péguy (1873-1914) foi um poeta e ensaísta também francês, identificado, sobretudo, como um grande nacionalista. [N.E.]

o declínio das hierarquias do espírito e da cultura. O conformismo denunciado por Michel Houellebecq não é mais aquele do pequeno burguês conservador e travado, mas aquele do *bobo*[*] tolerante, ecologista, liberal, portanto esnobe e longe do povo, este que sofre e conhece os "verdadeiros" valores.

As centenas de milhares de cidadãos que manifestaram na sequência dos atentados de 2015 não seriam pessoas tolerantes e abertas, ao se recusarem a estigmatizar os muçulmanos; seriam "católicos zumbis" reacionários, ao passo que o povo verdadeiro se manteve afastado.[35] O antirracismo não seria, na verdade, senão um estratagema do racismo de classe, desprezando a inquietação cultural do povo e o desalento das campanhas. Em nome da luta contra um liberalismo cultural perverso, é preciso defender as hierarquias e as distinções que garantiam uma ordem estável e tranquilizadora. É preciso defender a autoridade escolar de antigamente contra o "pedagogismo" do qual os filhos do povo seriam as primeiras vítimas.

A hegemonia intelectual se desloca para um conservadorismo antiliberal, ou seja, iliberal, bem além da inflexão anunciada por Daniel Lindenberg em 2002.[36] São incontáveis os antigos esquerdistas, os antigos seguidores de Mitterrand, os antigos marxistas e os antigos libertários que passaram para o "outro campo". Alguns conseguem mesmo seduzir os dois populismos de direita e de esquerda. Pode-se ilustrar, na mesma semana, a capa de *Valeurs*

---

[*] Em francês, *bobo* (*bourgeoisie bohème*) é um equivalente aproximado do que se chama no Brasil de a "esquerda caviar". [N.T.]

Actuelles, a do *Nouvel Observateur* e a de *Marianne*; basta ser "de esquerda", denunciando o capitalismo, e "de direita", estigmatizando as vertigens do individualismo e a fraqueza das democracias. Basta ser "de esquerda", identificando-se com as indignações populares, e ser "de direita", denunciando a decadência da civilização e da grande cultura contra a mediocridade democrática.

Melancolias de esquerda e de direita

Finalmente, uma grande parte da crítica é dominada pela indignação, pela moral, mais do que pela análise dos fatos. Humilhados e desprezados, os "pequenos brancos" seriam vítimas de um racismo "reverso" justificando sua cólera. Humilhados e desprezados, quando desmoronam os valores viris da sociedade industrial, os homens teriam boas razões para ser misóginos e homofóbicos. Humilhados e desprezados, vítimas do desemprego e da perseguição policial, os jovens das periferias teriam boas razões para escolher a delinquência, a violência e o radicalismo religioso. Raciocinando dessa maneira, compreender e justificar se tornam uma única e mesma operação.

Ao se recusar a enfrentar o mundo tal como ele é, desenvolve-se uma versão melancólica da crítica "exterior ao mundo". A crítica sendo incessantemente resgatada por um sistema que a transforma em moda, em espetáculo e em rotina, o proletariado atomizado não sendo mais do que um conceito, a dominação sendo diluída dentro do mercado e dentro da cultura, só restaria a crítica da crítica.[37] Enzo Traverso oferece sobre isso um testemunho particularmente claro.

Sua *Mélancolie de gauche*[38] ["Melancolia da esquerda"] pode ser visitada como um museu dos grandes homens, das grandes lutas e dos mártires do movimento revolucionário, como um percurso das ilusões perdidas. Dessa grande história só subsistiria as lutas traídas pelos stalinistas e mais ainda pelos socialistas, apenas heróis assassinados, santas e santos, imagens igualmente sulpicianas.[*]

A história social se torna uma história religiosa, a de uma fé destruída pelo mundo real. À custa de uma negação da história, pode-se sempre guardar a fé, mas essa é uma atitude estética. Neste caso, os milhões de mortos da grande revolução cultural chinesa não passam de um "detalhe", como pensam, por motivos perfeitamente opostos, Alain Badiou e Xi Jinping.

A interpretação do sentimento de injustiça engendrado pelas desigualdades oscila entre duas grandes narrativas, duas filosofias sociais. Para toda uma tradição que vai de um conservadorismo moderado às ideologias mais reacionárias, todo o mal viria da "Providência" democrática, individualista e igualitarista. Nessa perspectiva, as desigualdades sociais são menos perigosas do que a paixão pela igualdade. Aderindo ao princípio de igualdade, os indivíduos não suportariam mais as desigualdades de talento e de mérito, e o sentimento de injustiça seria somente a manifestação inesgotável da inveja e do ressentimento. Tido por muito tempo como um dos pilares da retórica reacionária, ainda

---

[*] O adjetivo "sulpiciano" se aplica a algo que se caracteriza por uma aparência convencional e muitas vezes de gosto duvidoso. Diz-se dos artigos religiosos vendidos nas redondezas da igreja de São Sulpício, em Paris. [N.E.]

que Nietzsche lhe tenha dado legitimidade intelectual, essa interpretação se desenvolve hoje em dia sob a cobertura de uma crítica do individualismo democrático.

A "sociedade do vazio", o "narcisismo moderno", a "crise dos valores e da cultura", a "derrota do pensamento", a "tirania das minorias" seriam as manifestações patológicas de um igualitarismo que considera inaceitável todas as desigualdades. No fundo, o sentimento de injustiça seria apenas uma racionalização da má-fé. As mulheres, as minorias, os pobres seriam simplesmente uns invejosos e frustrados, quando desmorona a ordem das desigualdades legítimas. Assim, o sentimento de injustiça se torna uma emoção sombria, e a indignação, uma simples astúcia dentro de uma sociedade na qual cada um deveria permanecer em seu lugar e dar-se por satisfeito.

Numa leitura oposta da vida social, todas as desigualdades sendo injustas por natureza, o sentimento de injustiça seria sempre legítimo. Todas as vítimas das injustiças seriam justas e inocentes. Os "pequenos brancos" que votam em Trump seriam, na verdade, as vítimas da crise e das elites democratas que provocam seu racismo e sua xenofobia. Os eleitores do Rassemblement National (antigo Front National) seriam, na realidade, vítimas das políticas liberais e do abandono do Estado. Os jovens violentos, não apenas contra a polícia, teriam boas razões para agir assim quando se sabe o quanto eles estão expostos ao desemprego e às discriminações. A cólera, o ódio e o ressentimento podem ser explicados facilmente pelas desigualdades sofridas, e seriam todos justificáveis.

Neste ponto, passamos da explicação das paixões tristes para a justificação das mesmas. Mas não se pode adotar essa lógica sem se chocar contra alguns paradoxos morais intransponíveis. Quem justificaria o nazismo a pretexto de que os eleitores de Hitler eram "vítimas" da derrota na guerra de 1914-1918, da crise de 1929 e da impotência da República de Weimar? Quem justificaria as violências sofridas pelas mulheres alegando que os homens teriam, eles mesmos, sofrido violências ou humilhações no trabalho? Quem justificaria os atentados sob o pretexto de que os terroristas estariam "desesperados"? Da mesma forma que a cólera contra as desigualdades e as injustiças não é a expressão de uma inveja, ela tampouco é necessariamente um combate pela justiça.

Nem todas as cóleras, todas as indignações e todos os populismos derivam do sistema de desigualdades múltiplas. O enfraquecimento dos sistemas democráticos, a angústia das velhas nações, a crise econômica de 2008 desempenham um papel eminente. É preciso, porém, pôr em evidência os laços que se tecem entre o novo sistema de desigualdades, as experiências dos atores e seus efeitos sobre a vida ideológica e política.

Ora, as indignações e os surtos populistas não são um momento difícil a enfrentar, antes que a história das sociedades retome seu curso tranquilo. Ao contrário, estamos numa situação em que a experiência das desigualdades não encontra expressão política ou representativa capaz de influenciá-las, impondo a prioridade da igualdade social, ou seja, a redução das desigualdades entre todas as posições.

CONCLUSÃO
AS ESQUERDAS DEMOCRÁTICAS CONTRA O POPULISMO

COMO SUPERAR O MOMENTO da cólera e da indignação? Como oferecer uma solução política ao sistema das desigualdades múltiplas? Como dar perspectivas de justiça social e reforçar a vida democrática?

No final de 2018, o movimento dos coletes amarelos deu a essas questões uma singular atualidade. Ele cristaliza as cóleras e as indignações múltiplas. Ele denuncia um poder considerado arrogante e desdenhoso. Mas, ao mesmo tempo, ele tem dificuldades para articular e hierarquizar reivindicações frequentemente contraditórias, pois nenhum sindicato e nenhum partido parecem em condições de confederar essas cóleras, nem de iniciar um processo de negociação. Os partidos populistas esperam colher benefícios de um movimento que eles são incapazes de controlar. Nada mais há entre o sentimento de injustiça e as forças políticas e sociais: esse vazio aumenta ainda mais as cóleras, a desconfiança em relação à democracia representativa e o desejo de uma autoridade capaz de unir o povo, a nação e o Estado.

O desafio não é somente político. Ele é também intelectual, na medida em que as representações da vida social estão hoje dominadas, seja pelo tema da crise perpétua de um mundo antigo idealizado, seja pela imagem da jaula de aço da globalização, das finanças e das novas tecnologias. Nos dois casos, não seríamos mais capazes de inventar uma sociedade vivível, uma sociedade capaz de agir sobre si mesma, uma sociedade em que tudo não nos leve sempre ao pior. Se por um lado devemos compreender as cóleras, os ressentimentos e as indignações, por outro devemos ainda mais resistir às suas vertigens.

A luta contra as grandes desigualdades sociais deve ser uma prioridade. Essas desigualdades são incontroláveis. Por que não criar um teto para os rendimentos elevados, quando Emmanuel Fabert, CEO da Danone, explica que, reduzindo em 30% o 1% dos salários mais altos do grupo, se multiplicaria por dois o salário dos 20% menos bem remunerados? Essas desigualdades extremas não são apenas chocantes. Elas são perigosas, pois geram uma elite dirigente que escapa a todo controle, deslocando seus investimentos em função das oportunidades fiscais, dos encargos sociais, das regulamentações ecológicas e dos dividendos esperados.

A luta contra as grandes desigualdades, as que separam o 1% ou 0,1% do restante da sociedade, deve ser uma prioridade estratégica se os Estados e as sociedades quiserem recuperar uma parte de seu controle sobre a economia, a tributação e a regulamentação dos mercados. Ainda que a Europa não nos satisfaça mais, é difícil entender, assim mesmo, como os isolamentos nacionais seriam uma resposta eficaz nessa área.

Mas a luta contra as "grandes" desigualdades não impede que seja dada prioridade ao combate contra as desigualdades "menores", aquelas que contam para os indivíduos mais afetados por elas. Do ponto de vista econômico, são as grandes desigualdades que contam mais. Entretanto, do ponto de vista sociológico e político, são as pequenas que têm mais peso. São elas que determinam as experiências sociais, as cóleras e as indignações. São elas que reforçam ou destroem os mecanismos de solidariedade. Ao não encontrar expressão política construtiva e democrática, essas desigualdades múltiplas engendram, hoje em dia, os populismos, a desconfiança e a demagogia.

A defesa da igualdade social deveria permanecer um horizonte político. Convém lembrar que não existe contradição entre equidade e eficácia.[1] As sociedades igualitárias não são menos dinâmicas do que as sociedades desiguais, mas são mais pacíficas e têm melhor saúde. Nelas se aceitam melhor a exigência de solidariedade e a defesa do meio ambiente. Nelas, as pessoas são menos obcecadas pelo medo da desclassificação.

O sistema das desigualdades múltiplas está associado à proliferação das políticas e dos dispositivos que visam públicos e problemas particulares. Sensatamente, pode-se levantar a hipótese de que essa tendência enfraquece as representações do contrato social sobre o qual se baseiam os mecanismos de solidariedade. Ao mirar os pobres, as mulheres, os bairros periféricos, os territórios, as minorias, os motoristas em função da idade do veículo, ao multiplicar os efeitos de limiar em função das mil dimensões das desigualdades, as políticas públicas reduzem certas desigualdades, ao mesmo tempo que acentuam a atomização da vida social e, em última análise, a concorrência das desigualdades.

Como é possível que, numa sociedade que arrecada e redistribui quase a metade de sua riqueza, os indivíduos possam ter o sentimento de ser esquecidos e desprezados? É preciso aprender a lutar contra essas desigualdades incluindo-as dentro de políticas sociais universais que promovam aquilo que temos em comum.

Da mesma maneira, se é evidente que as discriminações se impõem progressivamente como a figura dominante das injustiças, nós não devemos renunciar ao modelo de igualdade social diante daquele de igualdade de oportunidades, que, convém lembrar, propõe uma competição igualitária mais do que a igualdade das condições. Precisamos, a um só tempo, lutar contra as discriminações e resistir ao controle das leituras identitárias que elas induzem.

As forças que querem combater as derivas populistas não deveriam se satisfazer com uma condenação moral, ainda mais vãs posto que as cóleras não existem sem boas razões. Não devem tampouco se fiar unicamente na racionalidade das políticas que considera o mundo tal qual ele é, que acabam esgotando a própria ideia de política, visto que não haverá mais o que escolher. As esquerdas democráticas deveriam se municiar das questões colocadas pelos populismos e se esforçar para reagir a elas propondo um outro horizonte de justiça social e de vida democrática.

Ora, o sistema das desigualdades múltiplas é um divisor de águas. Ao mesmo tempo em que as desigualdades se transformam em experiências pessoais, é no nível dos indivíduos que elas devem ser combatidas. Deste ponto de vista, dispomos de algumas razões para nos sentirmos otimistas. Na maior parte dos casos, as indignações não são posturas. Elas geram esperança, e a esquerda deveria dar uma voz a essa generosidade, em vez de correr atrás das cóleras que os populismos e a internet captarão sempre melhor do que ela. No lugar de interpretar a tensão entre a felicidade privada e a infelicidade pública, entre a justiça pessoal e a cólera coletiva, como uma crise da cidadania e o triunfo do individualismo, é preciso lembrar que os indivíduos são, com frequência, um bocado mais generosos e ativos do que postulam as indignações populistas, que cristalizam as cóleras e, ao mesmo tempo, propõem tudo e seu contrário.

De maneira frequentemente minúscula, os indivíduos são mais engajados e solidários do que levam a pensar as cóleras coletivas. Sem os representantes eleitos locais e os corpos intermediários tão menosprezados hoje em dia, sem as milhares de associações que se responsabilizam pela solidariedade, as atividades cultural e esportiva ou ainda pelo meio ambiente, a vida social desaparece. O pessoal da saúde continua a tratar dos doentes e a se preocupar com eles bem além do que sua profissão exige. Apesar da reprodução das desigualdades escolares, os professores se mobilizam, inventam modos de trabalhar juntos e não desistem. Num momento em que a hostilidade em relação aos imigrantes parece ser a norma, militantes organizam sua acolhida, inclusive em aldeias mais afastadas. Por conta do fato de os bairros periféricos serem reduzidos à imagem da delinquência, da miséria, da violência e do isolamento religioso, os trabalhadores sociais e os militantes que lutam contra a fatalidade nessas áreas não são mais vistos.

A busca pela justiça e pela igualdade para si mesmo e para os outros não é o suplemento da alma de uma sociedade que vai mal; ela deveria ser a base de uma renovação política. O problema vem do fato de que todos esses atores e todas essas ações são hoje invisíveis, desprovidos de um discurso coletivo e de revezamentos políticos e sindicais. Nenhum partido, nenhum movimento, parece em condição de lhes dar uma expressão. É como se apenas as paixões tristes tivessem direito de cidadania, como se a única imagem aceitável da vida social fosse a da decadência e da catástrofe anunciada. Considerando que, em nossos dias, a esquerda não é o melhor banco da cólera, ela deveria ser o da responsabilidade e da esperança.

Bordeaux, 16 de novembro de 2018.

■ NOTAS

INTRODUÇÃO

1 Garcia Peñalosa, C. "As desigualdades dentro dos modelos macroeconômicos", Revue de l'OFCE, n. 153-131, 2017/4.

2 Piketty, T. *O capital no século XXI*, Paris, Le Seuil, 2013.

3 Godechot, O. *Working Rich: salaries, bonus, appropriation du profit dans l'industrie financière*, Paris, La Découverte, 2007.

I. O FIM DA SOCIEDADE DE CLASSES

1 Dumont, I. *Homo hierarchicus: essai sur le système des castes*, Paris, Gallimard, 1966; e Cosandey, F. Le Rang: préséance et hiérarchies dans la France d'Ancien Régime, Paris, Gallimard, 2016.

2 D'Iribarne, P. *La Logique de l'honneur*, Paris, Le Seuil, 1989.

3 Dubet, F. *Les Places et les Chances: repenser la justice sociale*, Paris, Le Seuil, La République des idées, 2010.

4   Castel, R. *Les Métamorphoses de la question sociale*, Paris, Fayard, 1995.

5   Reich, R. *L'Économie mondialisée*, Paris, Dunod, 1993.

6   Galland, O.; Lemel, Y. *Sociologie des inégalités*, Paris, Armand Colin, 2018; Pakulski, J.; Waters, M. *The Death of Class*, Londres, Sage Publications, 1996.

7   Boltanski, L. *Les Cadres: la formation d'un groupe social*, Paris, Minuit, 1982; Florida, R. *The Rise of the Creative Class, Revisited*, Nova York, Basic Books, 2012.

8   Putnam, R. D. "E Pluribus Unum: Diversity and Community in the 21st Century", *Scandinavian Political Studies*, v. 30, n. 2, p. 137-174, jun. 2017.

9   Siblot, Y.; Cartier, M.; Coutant, I.; Masclet, O.; Renahy, N. *Sociologie des classes populaires contemporaines*, Paris, Armand Colin, 2015.

10 Pasquier, D. *Cultures lycénnes: la tyrannie de la majorité*, Paris, Autrement, 2005.

11 Coulangeon, P. *Les Métamorphoses de la distinction: inégalités culturelles dans la France d'aujourd'hui*, Paris, Grasset, 2011.

12 CSA, Baromètre de la diversité, 2016.

2. O SISTEMA DAS DESIGUALDADES MÚLTIPLAS

1   Blau, P. *Inequality and Heterogeneity: A Privative Theory os Social Structure*, Nova York, Free Press, 1977.

2   Lenski, G. "Status Crystallization: A Non-Vertical Dimension of Social Status", *American Sociological Review*, v. 19, n. 4, p. 405-413, 1954.

3 Frémeaux, N. *Les Nouveaux Héritiers*, Paris, Le Seuil, La République des idées, 2018.

4 Chauvel, L. *Les Classes moyennes à la dérive*, Paris, Le Seuil, La République des idées, 2006.

5 Hugrée, C. "Les Sciences sociales face à la mobilité sociale", *Politix*, n. 114, p. 47-72, 2016/2.

6 Peugny, C. *Le Destin au berceau: inégalités et reproduction sociale*, Paris, Le Seuil, 2013.

7 Esses dados foram extraídos de "Quelle France dans dix ans?", *France Stratégie*, jun. 2014.

8 Duru-Bellat, M. *L'Inflation scolaire: les désillusions de ma méritocratie*, Paris, Le Seuil, 2006.

3. EXPERIÊNCIAS E CRÍTICAS DAS DESIGUALDADES

1 Pesquisa da International Social Survey Program, em Dubet, F.; Duru-Bellat, M.; Vérétout, A. *Les Sociétés et leur école: emprise du diplôme et cohésion sociale*, Paris, Le Seuil, 2010.

2 Osberg, L.; Smeeding, T. "Fair Inequality? Attitudes Toward Pay Differentials: The United States in Comparative Perspective", *American Sociological Review*, v. 3, n. 71, p. 450-473, 2006.

3 Forsé, M.; Galland O. (Dir.). *Les Français face aux inégalités et à la justice sociale*, Paris, Armand Colin, 2011.

4 CREDOC, "Conditions de vie et aspirations des Français", verão de 2017.

5 Baudelot, C.; Gollac, M. *Travailler pour être heureux?*, Paris, Fayard, 2003.

6 Dubet, F. et al., *Injustices: l'expérience des inégalités au travail*, Paris, Le Seuil, 2006.

7 Argouarc'h, J.; Calavrezo, O. "La répartition des hommes et des femmes par métiers. Une baisse de la ségrégation depuis 30 ans", *Dares Analyses*, n. 79, dez. 2013.

8 D'Albis, H., Badji, I. "Les inégalités de niveau de vie entre les générations en France", *Économie et Statistique*, n. 491-492, p. 77-100, 2017.

9 Ver *Rapport sur les inégalités*, Observatoire des inégalités, 2017.

10 Bouchet-Valat, M. "Les évolutions de l'homogamie de diplôme, de classe et d'origine sociales en France (1969-2011): ouverture d'ensemble repli des élites", *Revue Française de sociologie*, v. 55, n. 3, p. 459-505, 2014.

11 Lapeyronnie, D. *Ghetto urbain*, Paris, Robert Laffont, 2008.

12 Hirschman, A. O. *Défection et prise de parole: théorie et applications*, Paris, Fayard, 1955.

13 Dubet, F.; Cousin, O.; Macé, É.; Rui, S. *Pouquoi moi?*, Paris, Le Seuil, 2013.

14 Ministério do Trabalho da França, dados de 2012.

15 Galland, O. (Dir.), *La France des inégalités: réalités et perceptions*, Paris, PUPS, 2016.

16 Honneth, A. *La Société du mépris*, Paris, La Découverte, 2006.

17 A obra de Erving Goffman é amplamente dedicada a esse paradoxo da sociabilidade democrática.

18 Hughes, R. *Culture of Complaint: The Fraying of America*, Nova York, Oxford University Press, 1993.

19 Merklen, D. *Pourquoi brûle-t-on des bibliothèques?*, Villeurbanne, Presse de l'Ensibb, 2013.

20 As observações a seguir são baseadas, entre outras fontes, em F. Dubet *et al., Injustices: l'expérience des inégalités au travail, op. cit.*

21 Fraser, N.; Honneth, A. *Redistribution or Recognition? A Political-Philosophical Exchange*, Londres, Verso, 2003.

4. CÓLERAS E INDIGNAÇÕES

1 Jost, F. *La Méchanceté en actes à l'ère numérique*, Paris, CNRS Éditions, 2018.

2 Flahaut, F. *La Méchanceté*, Paris, Descartes et Cie, 1998, p. 17.

3 Galland, O.; Muxel, A. *La Tentation radicale: enquête auprès des lycéens*, Paris, PUF, 2018.

4 Lamont, M.; Moraes Silva, G.; Welburn, J. S.; Gguetzcow, J.; Mizrachi, N.; Herzog, H.; Reis, E. *Getting Respect: Responding to Stigma and Discrimination in the United States, Brazil, and Israel*, Princeton, Princeton University Press, 2016.

5 Grandjean, A.; Guénard, F. (Dir.). *Le Ressentiment, passion sociale*, Rennes, PUR, 2012.

6 Simmel, G. *Le Conflit*, Paris, Circé, 1992 [1923].

7 Hofstadter, R. *Le Style paranoïque*, Paris, François Bourin Éditeur, 2012 [1964].

8 Dubet, F. La *Galère: jeunes en survie*, Paris, Fayard, 1987.

9 Groux, G.; Pernot, J.-M., *La Grève*, Paris, Presses de Sciences Po, 2008.

10 Sondagem do IPSOS, abril de 2015.

11 Gonthier, F. *L'État providence face aux opinions publiques*, Grenoble, PUG, 2017.

12 Paugam, S.; Cousin, B.; Giorgetti, C.; Naudet, J. *Ce que les riches pensent des pauvres*, Paris, Le Seuil, 2017.

13 McCall, L. "The Political Meanings of Social Class Inequality", *Social Currents*, v. 1, p. 25-34, 2014.

14 Maurin, E. *La Peur du déclassement*, Paris, Le Seuil, La République des idées, 2009.

15 Magni-Berton, R. "Percecption de l'égalité et choix électoral", em Galland, O. (Dir.). *La France des inégalités*, op. cit.

16 Bigot, R.; Hoibian, S.; Müller, J. "Évolution du regard sur les quartiers sensibles et les discriminations entre 2009 e 2014", CRÉ-DOC, 322, abril de 2015.

17 Gougou, F. "Les ouvriers et le vote Front national: les logiques d'un réalignement électoral", em Crépon, S.; Dézé, A.; Mayer, N. (Dir.). *Les Faux-Semblants du Front national*, Paris, Presses de Science Po, 2015.

18 Frank, T. *Pourquoi les pauvres votent à droite?*, Marselha, Agone, 2013.

19 Cowie, J. *The Great Exception: The New Deal and the Limits of American Politics*, Princeton, Princeton University Press, 2016.

20 Beanrrosh, Y. *Le Sens du travail: migration, reconversion, chômage*, Rennes, PUR, 2014.

21 Lamont, M. La *Dignité des travailleurs: exclusion, race, classe et immigration en France et aux États-Unis*, Paris, Presse de Science Po, 2002.

22 Tiberj, V. "Une France moins xénophobe?", *La Vie des idées*, 6 jun. 2017.

23 Fourquet, J. *Les Européens et l'immigration: perception des flux et représentation en France*, Fondation Jean Jaurès, out. 2017.

24 Tal foi a intuição de Daniel Bell em *Les Contradictions culturelles du capitalisme*, Paris, PUF, 1979.

25 Sennett, R. *Les Tyrannies de l'intimité*, Paris, Le Seuil, 1979.

26 Durkheim, E. *L'Alemagne au-dessus de tout*, Paris, EHESS, 2017 [1915].

27 Schweisguth, E. "Un nouveau cocktail de valeurs: liberté privée et ordre public", em Galland, O.; Roudet, B. (Dir.). *Les Valeurs des jeunes: tendance en France depuis 20 ans*, Paris, L'Harmattan, 2001, p. 99-117.

28 Innerarity, D. *Le Temps de l'indignation*, Lormont, Le Bord de l'eau, 2018.

29 Sloterdijk, P. *Colère et temps*, Paris, Libella-Maren Sell, 2007.

30 Laclau, E. *La Raison populiste*, Paris, Le Seuil, 2008; Mouffe, C. *L'Illusion du consensus*, Paris, Albin Michel, 2016.

31 BFM TV, 28 de fevereiro de 2018.

32 Liogier, R. "Populisme liquide dans les démocraties occidentales", em Badie, B.; Vidal, D. (Dir.), *Le Retour des populismes*, Paris, La Découverte, 2018, p. 39-48.

33 Michéa, J.-C. *Le Loup dans la bergerie*, Paris, Flammarion, 2018.

34 Rosanvallon, P. *Notre histoire intellectuelle et politique: 1968-2018*, Paris, Le Seuil, 2018. Todd, E. *Qui est Charlie? Sociologie d'une crise religieuse*, Paris, Le Seuil, 2015.

35 Todd, E. *Qui est Charlie? Sociologie d'une crise religieuse*, Paris, Le Seuil, 2015.

36 Lindenberg, D. *Le Rappel à l'ordre*, Paris, Le Seuil, 2002.

37 Rancière, J. "Les mésaventures de la pensée critique", em Rancière, J. *Le Spectateur emancipé*, Paris, La Fabrique, 2008.

38 Traverso, E. *Mélancolie de gauche: la force d'une tradition cachée (XIXe – XXIe siècle)*, Paris, La Découverte, 2016.

CONCLUSÃO

1 Atkinson, A. B. *Inégalités*, Paris, Le Seuil, 2016.

■ REFERÊNCIAS

Argouarc'h, J.; Calavrezo, O. "La Répartition des hommes et des femmes par métiers: une baisse de la ségrégation depuis 30 ans", *Dares Analyses*, n. 79, dez. 2013.

Atkinson, A. B. *Inégalités*, Paris, Le Seuil, 2016.

Baudelot, C.; Gollac, M. *Travailler pour être heureux?*, Paris, Fayard, 2003.

Beanrrosh, Y. *Le Sens du travail: migration, reconversion, chômage*, Rennes, PUR, 2014.

Bigot, R.; Hoibian, S.; Müller, J. "Évolution du regard sur les quartiers sensibles et les discriminations entre 2009 e 2014", CRÉ-DOC, 322, abril de 2015.

Blau, P. *Inequality and Heterogeneity: A Privative Theory os Social Structure*, Nova York, Free Press, 1977.

Boltanski, L. *Les Cadres: la formation d'un groupe social*, Paris, Minuit, 1982.

Bouchet-Valat, M. "Les évolutions de l'homogamie de diplôme, de classe et d'origine sociales en France (1969-2011): ouverture d'ensemble repli des élites", *Revue Française de Sociologie*, v. 55, n. 3, p. 459-505, 2014.

Castel, R. *Les Métamorphoses de la question sociale*, Paris, Fayard, 1995.

Chauvel, L. *Les Classes moyennes à la dérive*, Paris, Le Seuil, La République des idées, 2006.

Cosandey, F. *Le Rang: préséance et hiérarchies dans la France d'Ancien Régime*, Paris, Gallimard, 2016.

Coulangeon, P. *Les Métamorphoses de la distinction: inégalités culturelles dans la France d'aujourd'hui*, Paris, Grasset, 2011.

Cowie, J. *The Great Exception: The New Deal and the Limits of American Politics*, Princeton, Princeton University Press, 2016.

CREDOC, "Conditions de vie et aspirations des Français", verão de 2017.

CSA, Baromètre de la diversité, 2016.

D'Albis, H.; Badji, I. "Les Inégalités de niveau de vie entre les générations en France", *Économie et Statistique*, n. 491-492, p. 77-100, 2017.

D'Iribarne, P. *La Logique de l'honneur*, Paris, Le Seuil, 1989.

Dubet, F. *et al.*, *Injustices: l'expérience des inégalités au travail*, Paris, Le Seuil, 2006.

Dubet, F. *La Galère: jeunes en survie*, Paris, Fayard, 1987.

Dubet, F. *Les Places et les Chances: repenser la justice sociale*, Paris, Le Seuil, La République des idées, 2010.

Dubet, F.; Cousin, O.; Macé, É.; Rui, S. *Pouquoi moi?*, Paris, Le Seuil, 2013.

Dumont, I. *Homo hierarchicus: essai sur le système des castes*, Paris, Gallimard, 1966.

Durkheim, E. *L'Alemagne au-dessus de tout*, Paris, EHESS, 2017 [1915].

Duru-Bellat, M. *L'Inflation scolaire: les désillusions de ma méritocratie*, Paris, Le Seuil, 2006.

Flahaut, F. *La Méchanceté*, Paris, Descartes et Cie, 1998, p. 17.

Florida, R. *The Rise of the Creative Class, Revisited*, Nova York, Basic Books, 2012.

Forsé, M.; Galland, O. (Dir.). *Les Français face aux inégalités et à la justice sociale*, Paris, Armand Colin, 2011.

Fourquet, J. *Les Européens et l'immigration: perception des flux et représentation en France*, Fondation Jean Jaurès, out. 2017.

Frank, T. *Pourquoi les pauvres votent à droite?*, Marselha, Agone, 2013.

Fraser, N.; Honneth, A. *Redistribution or Recognition? A Political-Philosophical Exchange*, Londres, Verso, 2003.

Frémeaux, N. *Les Nouveaux Héritiers*, Paris, Le Seuil, La République des idées, 2018.

Galland, O. (Dir.). *La France des inégalités: réalités et perceptions*, Paris, PUPS, 2016.

Galland, O.; Muxel, A. *La Tentation radicale: enquête auprès des lycéens*, Paris, PUF, 2018.

Galland, O; Lemel, Y. *Sociologie des inégalités*, Paris, Armand Colin, 2018.

Garcia Peñalosa, C. "As desigualdades dentro dos modelos macroeconômicos", *Revue de l'OFCE*, n. 153-131, 2017/4.

Godechot, O. *Working Rich: salaries, bonus, appropriation du profit dans l'industrie financière*, Paris, La Découverte, 2007.

Gonthier, F. *L'État providence face aux opinions publiques*, Grenoble, PUG, 2017.

Gougou, F. "Les ouvriers et le vote Front national: les logiques d'un réalignement électoral", em Crépon, S.; Dézé, A.; Mayer, N. (Dir.). *Les Faux-Semblants du Front national*, Paris, Presses de Science Po, 2015.

Grandjean, A.; Guénard, F. (Dir.). *Le Ressentiment, passion sociale*, Rennes, PUR, 2012.

Groux, G.; Pernot, J.-M. *La Grève*, Paris, Presses de Sciences Po, 2008.

Hirschman, A. O. *Défection et prise de parole: théorie et applications*, Paris, Fayard, 1955.

Hofstadter, R. *Le Style paranoïque*, Paris, François Bourin Éditeur, 2012 [1964].

Honneth, A. *La Société du mépris*, Paris, La Découverte, 2006.

Hughes, R. *Culture of Complaint: The Fraying of America*, Nova York, Oxford University Press, 1993.

Hugrée, C. "Les Sciences sociales face à la mobilité sociale", *Politix*, n. 114, p. 47-72, 2016/2.

Innerarity, D. *Le Temps de l'indignation*, Lormont, Le Bord de l'eau, 2018.

Jost, F. *La Méchanceté en actes à l'ère numérique*, Paris, CNRS Éditions, 2018.

Laclau, E. *La Raison populiste*, Paris, Le Seuil, 2008.

Lamont, M. *La Dignité des travailleurs: exclusion, race, classe et immigration en France et aux États-Unis*, Paris, Presse de Science Po, 2002.

Lamont, M.; Moraes Silva, G.; Welburn, J. S.; Gguetzcow, J.; Mizrachi, N.; Herzog, H.; Reis, E. *Getting Respect: Responding to Stigma and Discrimination in the United States, Brazil, and Israel*, Princeton, Princeton University Press, 2016.

Lapeyronnie, D. *Ghetto urbain*, Paris, Robert Laffont, 2008.

Lenski, G. "Status Crystallization: A Non-Vertical Dilension os Social Status", *American Sociological Review*, v. 19, n. 4, p. 405-413, 1954.

Lindenberg, D. *Le Rappel à l'ordre*, Paris, Le Seuil, 2002.

Liogier, R. "Populisme liquide dans les démocraties occidentales", em Badie, B.; Vidal, D. (Dir.). *Le Retour des populismes*, Paris, La Découverte, 2018, p. 39-48.

Magni-Berton, R. "Percecption de l'égalité et choix électoral", em Galland O. (Dir.). *La France des inégalités, op. cit.*

Maurin, E. *La Peur du déclassement*, Paris, Le Seuil, La République des idées, 2009.

McCall, L. "The Political Meanings of Social Class Inequality", *Social Currents*, v. 1, p. 25-34, 2014.

Merklen, D. *Pourquoi brûle-t-on des bibliothèques?*, Villeurbanne, Presse de l'Ensibb, 2013.

Michéa, J.-C. *Le Loup dans la bergerie*, Paris, Flammarion, 2018.

Mouffe, C. *L'Illusion du consensus*, Paris, Albin Michel, 2016.

Osberg, L.; Smeeding, T. "Fair Inequality? Attitudes Toward Pay Differentials: The United States in Comparative Perspective", *American Sociological Review*, v. 3, n. 71, p. 450-473, 2006.

Pakulski, J.; Waters, M. *The Death of Class*, Londres, Sage Publications, 1996.

Pasquier, D. *Cultures lycénnes: la tyrannie de la majorité*, Paris, Autrement, 2005.

Paugam, S.; Cousin, B.; Giorgetti, C.; Naudet, J. *Ce que les riches pensent des pauvres*, Paris, Le Seuil, 2017.

Pesquisa da International Social Survey Program, em Dubet, F.; Duru-Bellat, M.; Vérétout, A. *Les Sociétés et leur école: emprise du diplôme et cohésion sociale*, Paris, Le Seuil, 2010.

Peugny, C. *Le Destin au berceau: inégalités et reproduction sociale*, Paris, Le Seuil, 2013.

Piketty, T. *O capital no século XXI*, Paris, Le Seuil, 2013.

Putnam, R. D. "E Pluribus Unum: Diversity and Community in the 21st Century", *Scandinavian Political Studies*, v. 30, n. 2, p. 137-174, jun. 2017.

Rancière, J. "Les mésaventures de la pensée critique", em Rancière, J. *Le Spectateur emancipé*, Paris, La Fabrique, 2008.

Reich, R. *L'Économie mondialisée*, Paris, Dunod, 1993.

Rosanvallon, P. *Notre histoire intellectuelle et politique: 1968-2018*, Paris, Le Seuil, 2018.

Schweisguth, E. "Un nouveau cocktail de valeurs: liberté privée et ordre public", em Galland, O.; Roudet, B. (Dir.). *Les Valeurs des jeunes: tendance en France depuis 20 ans*, Paris, L'Harmattan, 2001, p. 99-117.

Sennett, R. *Les Tyrannies de l'intimité*, Paris, Le Seuil, 1979.

Siblot, Y.; Cartier, M.; Coutant, I.; Masclet, O.; Renahy, N. *Sociologie des classes populaires contemporaines*, Paris, Armand Colin, 2015.

Simmel, G. *Le Conflit*, Paris, Circé, 1992 [1923].

Sloterdijk, P. *Colère et temps*, Paris, Libella-Maren Sell, 2007.

Tiberj, V. "Une France moins xénophobe?", *La Vie des idées*, 6 jun. 2017.

Todd, E. *Qui est Charlie? Sociologie d'une crise religieuse*, Paris, Le Seuil, 2015.

Traverso, E. *Mélancolie de gauche: la force d'une tradition cachée (XIXe – XXIe siècle)*, Paris, La Découverte, 2016.

Este livro foi composto com tipografia Adobe Garamond Pro e impresso em papel Off-White 80 g/m² na Formato Artes Gráficas.